El REGALO de la RECONCILIACIÓN

Guía para la Familia
con el libro del niño en español e inglés

AUTORES

Rev. Richard N. Fragomeni

Jean Marie Hiesberger

TRADUCCIÓN AL ESPAÑOL

Hermana Angela Erevia, MCDP

Silver Burdett Ginn Religion
A Scott Foresman Imprint
GLENVIEW, IL

Arte

Borde de la cubierta: Nancy Tobin

Ilustradores: 10b; 30b: Winky Adam. 10d: David Klug. viii b; 10a; 10c; 20c: Anni Matsick. 40c: Margaret Sanfilippo.

Logos/bordes: Nancy Tobin

Fotografías

Cubierta: Silver Burdett Ginn

Todas las fotografías son de Silver Burdett Ginn (SBG) a menos que estén identificadas.

toc: b.r. Tony Freeman/PhotoEdit. viii a: b. Robert Brenner/PhotoEdit. viii b: t. Myrleen Ferguson/Photo-Edit. 10 a: t. Tony Freeman/Photo-Edit; b. Jan Cobb/The Image Bank. 20 a: Lawrence Migdale/Stock Boston. 20 b: Myrleen Ferguson/ PhotoEdit. 30 a: Bob Daemmrich Photography. 30 b: The Stock Market. 30 d: Barrie Fanton/Omni Photo Communications, Inc. 62-63: Bob Daemmrich/The Image Works.

Contenido

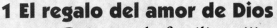

Reconciliación y el regalo de familia

Como el padre o la madre de un niño o una niña que se está preparando para celebrar la Reconciliación por primera vez, se le invita a usted a experimentar con su niño o niña los regalos del gozo, la paz, el perdón y la nueva vida que Dios nos ofrece por medio de Jesucristo en este sacramento. Esto puede ser un tiempo significante y emocionante para toda la familia.

Si usted está preparando a su niño o niña en casa o si está apoyando la preparación que toma lugar en una sala de clase, ¡esta Guía para la Familia es para usted! Además de cinco lecciones en tres partes, hay artículos escritos para usted. También hallará ideas para la oración en familia y para las actividades. Haga que estas semanas venideras sean un tiempo especial en la vida de su familia; será una gran manera para dar gracias a Dios por el regalo que su niño(a) es para usted. También puede ayudar a su niño(a) a experimentar a su familia como un regalo especial de Dios.

Siendo padre o madre, usted es el educador principal de religión de su niño(a). Su niño(a) observa lo que hace usted, absorbe sus valores, y espera que usted lo(la) guíe en su conducta.

> **E**s por medio de usted que su niño o niña aprende a relacionarse con Dios y con otros.

Es por medio de usted que su niño(a) aprende a relacionarse con Dios y con otros. Enseñándole a su niño(a) a estar abierto para recibir el regalo del amor incondicional de Dios es quizás el corazón de su responsabilidad paternal o maternal como el educador principal de religión.

En todo esto, lo bueno es que usted no está solo. Esta Guía para la Familia es uno de muchos recursos disponibles para usted. El personal parroquial y el maestro o la maestra de religión o el catequista le puede ofrecer apoyo y asistencia adicional. Más importante, usted puede confiar que el Espíritu Santo guiará sus esfuerzos al ayudar a preparar a su niño(a) para celebrar el sacramento y el regalo de la Reconciliación.

Empezando . . .

Las siguientes oraciones le pueden ayudar a empezar la jornada para celebrar la Reconciliación con su niño o niña. La primera oración es solamente para usted. Comparta la segunda oración con su familia. Usted puede optar en rezar solamente unas líneas de ambas oraciones a la vez durante la preparación de su niño o niña.

La oración de un padre o una madre

Señor, ayúdame a buscarte siempre sobre todo,

y ver tu rostro en los rostros de niños dondequiera que estén.

Ayúdame a reflejar tu amor para ellos

en todo lo que hago y digo.

Hazme un instrumento de tu paz, Señor,

una persona reconciliadora que escoge la paz para si mismo

y promueve la paz entre otros.

Cuando falto de ser la persona

que tú me llamas a ser,

dame la fe y la humildad para acudir a ti,

para que mi niño(a) también

busque el abrazo de tu amor.

Dame un corazón misericordioso que es paciente

y que sabe perdonar para que mi niño(a), tu niño(a),

puede creer en y aceptar

el regalo de tu amor incondicional

y gozar la nueva vida que tú nos ofreces en Jesucristo

por medio del poder del Espíritu Santo. Amén.

Una oración de la familia

Prepáranos, Señor, para celebrar tu regalo del perdón. Limpia nuestros corazones. Guárdanos fieles en pensamiento, palabra y acción. Quédate siempre cerca de nosotros para así vivir en tu Espíritu Santo. Sánanos, Señor, para recordar con alegría la nueva vida que tú nos diste en el regalo que es Jesús. Guárdanos cerca de ti, Jesús, para estar siempre dispuestos a seguir tu ejemplo de vida. Amén.

Introduciendo el libro

Mientras que usted guíe la preparación de su niño(a) para su primera celebración de la Reconciliación, confiamos que el libro del estudiante EL REGALO DE LA RECONCILIACIÓN le servirá como un instrumento valioso para descubrir, aprender y celebrar juntos como una familia.

Tiempo en familia

Tiempo de aprendizaje

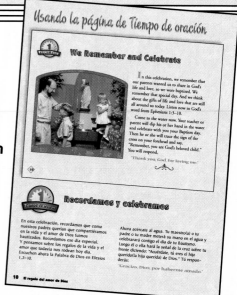

Tiempo de oración

de su niño(a)

Tiempo en familia

Cada lección empieza con Tiempo en familia. Esto provee una oportunidad para compartir entre familia en un ambiente piadoso y significante, motivo que le ayudará a su niño(a) a prepararse para lo que va a aprender, ya sea que Tiempo de aprendizaje toma lugar en el hogar o en una sala de clase.

Tiempo de aprendizaje

Cada lección se despliega en un proceso de tres pasos que
(a) tiene base en la experiencia del niño o de la niña,
(b) presenta las Escrituras y la Tradición católica de una manera interesante y significante y
(c) lleva a su niño(a) a rezar y celebrar con la comunidad de fe.

1 Descubriendo a Dios en nuestras vidas
Por medio de historias y actividades, se le invita a su niño(a) a descubrir a Dios en las experiencias diarias que están relacionadas al tema de cada lección.

2 Encontrando a Dios en la Palabra y en la Tradición
Al corazón de cada lección hay una historia bíblica bellamente ilustrada que sigue con una presentación de la Tradición católica que apoya la preparación sacramental de su niño(a).

3 Viviendo con Dios en nuestras vidas
Al concluir Tiempo de aprendizaje, se le anima a su niño(a) a integrar en su vida lo que ha aprendido para que siga madurando como un(a) joven católico(a). Se provee la oportunidad de repasar, orar y completar otra actividad de Tiempo en familia.

Tiempo de oración

Se le invita a usted a compartir en una celebración de oración especial al fin de cada lección. Cada celebración es suficientemente flexible y sencilla para uso en el hogar. O puede ser invitado(a) a celebrar con otras familias cuyos niños(as) se están preparando para el sacramento de la Reconciliación.

Haciendo un compromiso

Mientras me preparo a celebrar el sacramento de la Reconciliación, abriré mi corazón a recibir el regalo del amor y del perdón de Dios. Abriré mi corazón también a recibir el gozo y la paz de la reconciliación con la Iglesia.

_____

Niño(a)

Yo también abriré mi corazón a recibir el regalo del amor y del perdón, del gozo y de la paz. Apoyaré a este niño o a esta niña con mis oraciones y mi presencia mientras celebramos, juntos con nuestra comunidad parroquial, la vida abundante que Jesús vino a darnos.

_____

Miembro de la familia

REFLEJANDO el amor de Dios

Todas las cosas bellas de la creación reflejan el amor de Dios. Sólo usted le da un rostro humano a Dios para su niño(a). Para darle a Dios su propio lugar en el hogar, la familia tiene un altarcito decorado con imágenes religiosas, flores, velas y retratos de seres queridos. El altarcito es algo sagrado que nos recuerda que Dios está presente. Usted sobre todo refleja a Dios para su niño(a) en lo que usted dice y hace. Su niño(a) aprende de usted que Dios es cariñoso y comprensivo cuando usted es cariñoso(a) y comprensivo(a). Para usted es un privilegio y una responsabilidad de siempre ser el rostro de Dios.

Algo para el corazón: ¿Quién fue el rostro de Dios para usted?

El desafío del "YTD" (Yo Te Debo)

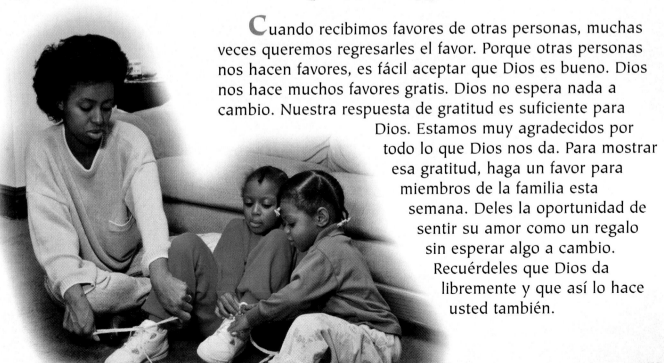

Cuando recibimos favores de otras personas, muchas veces queremos regresarles el favor. Porque otras personas nos hacen favores, es fácil aceptar que Dios es bueno. Dios nos hace muchos favores gratis. Dios no espera nada a cambio. Nuestra respuesta de gratitud es suficiente para Dios. Estamos muy agradecidos por todo lo que Dios nos da. Para mostrar esa gratitud, haga un favor para miembros de la familia esta semana. Deles la oportunidad de sentir su amor como un regalo sin esperar algo a cambio. Recuérdeles que Dios da libremente y que así lo hace usted también.

¿Qué sé sobre la oración?

Muy temprano en la vida aprendemos a rezar. Rezar es comunicarse con Dios. Ellos saben nuestras alegrías, tristezas y necesidades. Como padre o madre, usted tiene un lugar muy especial de vivir la oración en su familia. De usted, su niño(a) aprende a dar gracias a Dios por todas las bendiciones que Dios nos da: pedir una bendición antes de comer, encomendarse a Dios antes de acostarse. Cuando se encuentra en un apuro, su niño(a) le pide a Dios que le dé aliento. De usted aprende a rezar. Rezar es hablar con Dios y con los santos todo el tiempo y en todas partes.

Actividad

ES SU DECISIÓN . . .

❀ Haga un libro de memorias del Bautismo de su niño(a). Ponga en el libro el certificado de bautismo y fotografías con anotaciones de los que tomaron parte. Decórelo con símbolos religiosos, incluso agua, luz, una cruz.

❀ Construyan un altarcito en el hogar si no tienen uno. Nombren cada cosa y lo que significa: un crucifijo, imagen de la Virgen María, algunos santos, flores, velas y agua bendita.

❀ Con miembros de la familia, compartan quienes son sus santos favoritos y cuales son sus oraciones favoritas.

❀ Nombren el patrono(a) de cada miembro de la familia y busquen información sobre ellos(as).

❀ Tomen un paseo por el parque. Busquen regalos de la creación y den gracias a Dios por esos regalos.

Mi Bautismo

Repasando la Lección 1

En esta lección, ayudamos a los niños y a las niñas a reconocer el regalo del amor de Dios en la creación, en los sacramentos y en las personas que reflejan el amor de Dios.

Tiempo en familia

La primera página de cada lección incluye una actividad para completar en casa con su niño(a) que se está preparando para la primera Reconciliación. "El regalo de la vida" en la página 1 del libro del estudiante le invita a recordar memorias del nacimiento y el bautismo de su niño(a). Mientras que usted le ayude a su niño(a) a escribir la información sobre estos acontecimientos especiales, esté seguro de incluir a los padrinos y a las madrinas y a la gente que viajó largas distancias para celebrar con su familia. Enfatícele a su niño(a) que es un regalo especial de Dios en su vida, en las vidas de su familia y de sus amigos y en la vida de la Iglesia. Comparta con su niño(a) el gozo y el orgullo que usted sintió en la ocasión del bautismo de él o de ella.

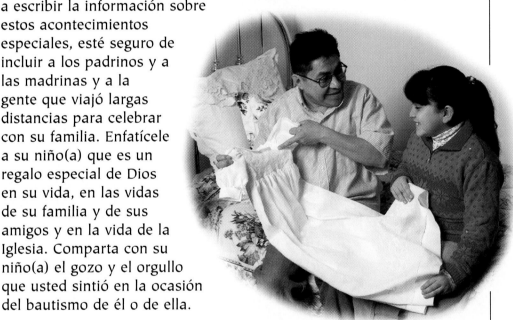

Enfatícele a su niño(a) que él o ella es un regalo especial de Dios.

Tiempo de aprendizaje

1 Descubriendo a Dios en nuestras vidas

En esta parte de la lección, su niño(a) empieza a explorar su propia experiencia de vida en relación al tema de la lección. En las páginas 2 y 3, su niño(a) aprende sobre los diferentes tipos de regalos. Explíquele que dar regalos es una manera de mostrar amor para los demás. Ayúdele a su niño(a) a identificar algunos regalos que Dios da, como el arco iris y la mariposa. Pregúntele a su niño(a) cuales otros regalos de Dios ha descubierto y cuales dibujó en la página 3.

2 Encontrando a Dios en la Palabra y en la Tradición

La historia bíblica en las páginas 4 y 5 nos habla de dos acontecimientos importantes en la vida de Jesús: su presentación en el Templo y su bautismo. Mientras que la dedicación del Niño Jesús en el Templo no tiene exactamente el mismo sentido que el bautismo de un infante hoy en día, ambos celebran el regalo del amor de Dios y la respuesta de los padres a ese amor. En el Bautismo, Dios perdona los pecados y nos llama a vivir nuestra fe en la comunidad de la Iglesia.

En las páginas 6 y 7, los niños leen acerca del amor de Dios en los sacramentos de la iniciación (Bautismo, Confirmación, Eucaristía) y en el sacramento de la Reconciliación. El verso bíblico que se encuentra en la actividad en la página 7 hace un resumen de la buena nueva que, por medio de Jesús, somos reconciliados con Dios y ganamos la vida eterna.

3 Viviendo con Dios en nuestras vidas

El material didáctico en las páginas 8 y 9 le ayuda a su niño(a) a identificar las varias maneras en que experimentamos y respondemos al amor de Dios. Aníme a su niño(a) a que rece una oración de gracias con usted diariamente por una semana. Sugiérale que use los versos del Salmo 36 en la página 8 y la oración poética "Damos gracias" en la página 9. Practique con su niño(a) los gestos para decir "Gracias, Dios" en el idioma de señas. Aparte un tiempo para completar la actividad de Tiempo en familia en la página 9, que le ayudará a su niño(a) a repasar las declaraciones de Creemos.

Aníme a su niño(a) a que rece una oración de gracias con usted diariamente por una semana.

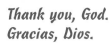

Thank you, God.
Gracias, Dios.

⊛ Tiempo de oración

La celebración de oración en la página 10 le da una oportunidad para recordar el bautismo de su niño(a). El libro del estudiante le sugiere una manera para hacer esto. Usted puede escoger un pasaje de la Biblia, o un gesto o una respuesta especial. Deles a cada miembro de la familia la oportunidad de "venir al agua," lo que le pueda ayudar a renovar su fe y su compromiso con Dios y con los demás.

Usando la página de Tiempo en familia

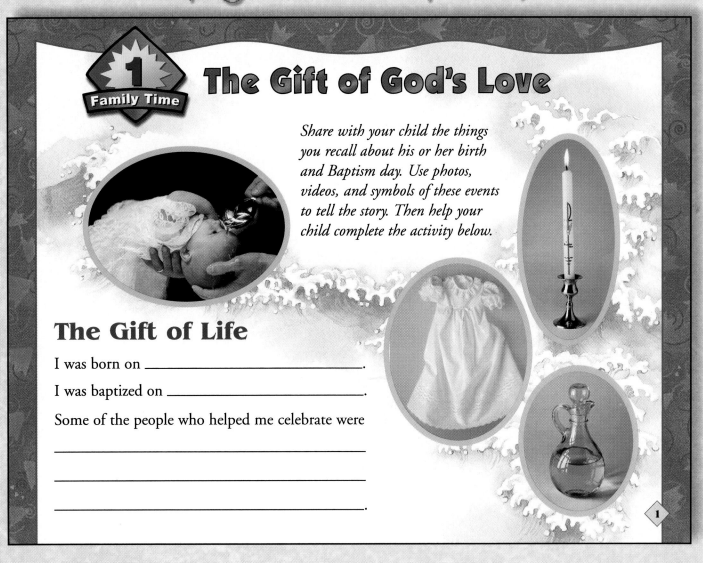

1 Family Time

The Gift of God's Love

Share with your child the things you recall about his or her birth and Baptism day. Use photos, videos, and symbols of these events to tell the story. Then help your child complete the activity below.

The Gift of Life

I was born on _____.

I was baptized on _____.

Some of the people who helped me celebrate were

_____

_____

_____.

1 Tiempo en familia

El regalo del amor de Dios

Comparta con su niño(a) las cosas que usted recuerde del nacimiento de su niño(a) y el día del bautismo de él (ella). Use fotografías, videos y símbolos de estos acontecimientos para contar la historia. Luego ayúdele a su niño(a) a completar la siguiente actividad.

El regalo de la vida

Yo nací el _____.

Fui bautizado(a) el _____.

Algunas personas que me ayudaron a celebrar fueron

_____

_____

_____.

The Gift of God's Love

Did you ever get a nicely wrapped gift from someone? Were you surprised?

Have you ever seen a rainbow? Did a friendly puppy or a colorful butterfly ever make you smile? These are gifts, too. Who gives us these gifts?

Our family and friends give us gifts because they love us. So does God. We see God's gifts of love in the beauty of all people and all things around us.

2

El regalo del amor de Dios

¿Alguna vez has recibido de alguien un regalo envuelto con un papel muy bonito? ¿Te sorprendió?

¿Alguna vez has visto un arco iris? ¿Alguna vez te ha hecho sonreír un perrito amistoso o una mariposa de muchos colores? Estos también son regalos. ¿Quién nos da estos regalos?

Nuestra familia y nuestros amigos nos dan regalos porque nos aman. Así también lo hace Dios. Vemos los regalos del amor de Dios en la belleza de todas las personas y todas las cosas que nos rodean.

Gifts of Creation

Read aloud the poem. What does each word colored blue mean? Find something in the picture that fits one of these words. Then draw something else God gives us.

All things bright and beautiful,
All creatures great and small,
All things wise and wonderful:
The Lord God made them all.

Regalos de la creación

Lee en voz alta el poema. ¿Qué significa cada palabra de color azul? Halla algo en el dibujo que corresponde a una de las palabras. Luego dibuja otra cosa que Dios nos da.

Todas las cosas brillantes y bonitas,

Todas las criaturas grandes y pequeñas,

Todas las cosas sabias y maravillosas:

El Señor Dios las hizo todas.

Jesus Knows God's Love

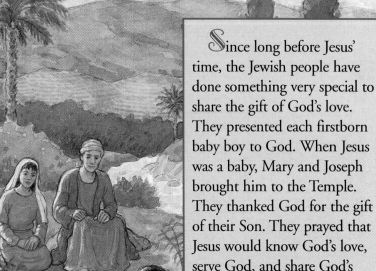

Since long before Jesus' time, the Jewish people have done something very special to share the gift of God's love. They presented each firstborn baby boy to God. When Jesus was a baby, Mary and Joseph brought him to the Temple. They thanked God for the gift of their Son. They prayed that Jesus would know God's love, serve God, and share God's love with others.

When Jesus was older, he traveled to the Jordan River. John was baptizing many people in the river. Jesus wanted to be baptized too. So John baptized Jesus.

Jesús conoce el amor de Dios

Desde mucho antes de los tiempos de Jesús, el pueblo judío hacía algo muy especial para compartir el regalo del amor de Dios. Presentaban a Dios el primer varón nacido. Cuando Jesús era un bebé, María y José lo llevaron al Templo. Le dieron gracias a Dios por el regalo de su Hijo. Rezaron para que Jesús conociera el amor de Dios, sirviera a Dios y compartiera el amor de Dios con los demás.

Cuando Jesús se hizo mayor, viajó al río Jordán. Juan estaba bautizando a mucha gente en el río. Jesús también quiso ser bautizado. Así es que Juan bautizó a Jesús.

When Jesus came up out of the water, he felt
the Holy Spirit's love. Then Jesus heard the voice
of his Father from heaven. The voice said, "I love
you, my Son. You have made me very happy."

Based on Luke 2:22 and Mark 1:9–11

Cuando Jesús salió del agua, él sintió el amor
del Espíritu Santo. Luego Jesús oyó la voz de
su Padre del cielo. La voz dijo: "Yo te amo,
Hijo mío. Tú me has hecho muy feliz."

Basado en Lucas 2,22 y Marcos 1,9–11

God's Love in the Sacraments

When God created people, God shared his life with them. Soon, the first people forgot that God's love was the most important thing on earth. They disobeyed God. They sinned. We receive this first sin from them. We call it original sin. Original means it was the first sin.

God wanted to be close to all his people. So God sent Jesus to help us know and love God. Jesus showed us how much God loves us. He died on the cross for us. He gave us the sacraments of the Church. Sacraments are special ways to know and feel God's saving love.

In Baptism, God forgives sin and gives us new life. We become members of God's family. Together, we worship God and learn to live and love as Jesus did.

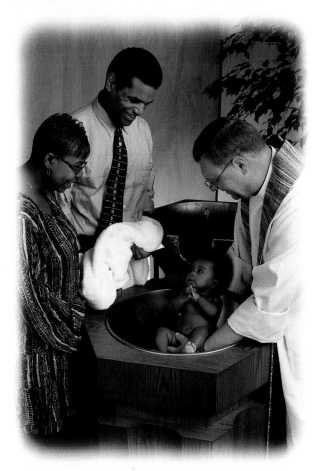

El amor de Dios en los sacramentos

Cuando Dios creó la gente, Dios compartió su vida con ellos. Dentro de poco, las primeras personas olvidaron que el amor de Dios era la cosa más importante en la tierra. Desobedecieron a Dios. A este pecado lo llamamos pecado original. Original significa que era el primer pecado.

Como Dios quería estar cerca de todo su pueblo les envió su Hijo, Jesús. Jesús vino para enseñarnos cuánto nos ama Dios. Jesús nos da los sacramentos de la Iglesia. Los sacramentos son modos especiales para conocer y sentir el amor de Dios.

En el sacramento del Bautismo, Dios nos bendijo con nueva vida. Llegamos a ser miembros de la familia de Dios. Con otros amigos de Jesús, adoramos a Dios y aprendemos a vivir y amar como Jesús.

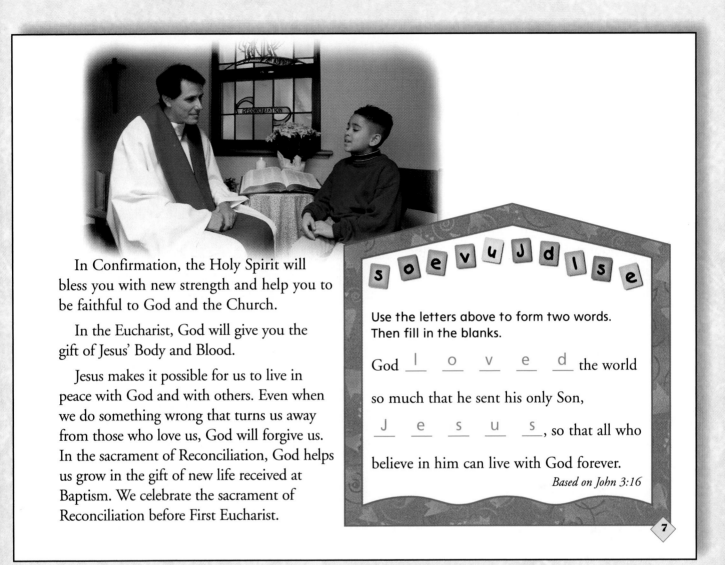

In Confirmation, the Holy Spirit will bless you with new strength and help you to be faithful to God and the Church.

In the Eucharist, God will give you the gift of Jesus' Body and Blood.

Jesus makes it possible for us to live in peace with God and with others. Even when we do something wrong that turns us away from those who love us, God will forgive us. In the sacrament of Reconciliation, God helps us grow in the gift of new life received at Baptism. We celebrate the sacrament of Reconciliation before First Eucharist.

s o e v u J d l s e

Use the letters above to form two words. Then fill in the blanks.

God __l__ __o__ __v__ __e__ __d__ the world

so much that he sent his only Son,

__J__ __e__ __s__ __u__ __s__, so that all who

believe in him can live with God forever.

Based on John 3:16

7

En la Confirmación, el Espíritu Santo te bendecirá con fuerza nueva y te ayudará a ser fiel a Dios y a la Iglesia.

En la Eucaristía, Dios te dará el regalo del Cuerpo y la Sangre de Jesús.

Jesús hace posible que todos vivamos en paz con Dios y con los demás. Aun cuando hacemos algo malo que nos aleja de los que nos aman, Dios nos perdonará. En el sacramento de la Reconciliación, Dios nos ayuda a crecer en el regalo de la nueva vida recibida en el Bautismo. Celebramos el sacramento de la Reconciliación antes de la Primera Eúcharistía.

 as J m s e ú ó

Usa estas letras para formar dos palabras. Luego llena los blancos.

Dios ___amó___ tanto al mundo que envió a su único Hijo, ___Jesús___, para que todos aquellos que creen en él puedan vivir con Dios para siempre.

Basado en Juan 3,16

Thank You, God!

God loves us so much! We can see God's love in the beautiful world around us. We can feel God's love in our families. With the whole Church, we celebrate God's love.

God's love for us, especially through Jesus, is a wonderful gift. Sometimes we are so happy about this love that we want to share it with others. Our parents shared this love when they brought us to the Church to be baptized.

Sometimes we want to say, "Thank you, God, for loving us." The Bible says, "Lord, your love reaches up to the heavens. We can see your faithfulness in the skies. You care for all your creatures, Lord. Your love for us is a precious gift."

Based on Psalm 36:6-8

Mark an **X** next to each picture that shows a way that you know God loves you.

8

¡Gracias, Dios!

¡Dios nos ama tanto! Podemos ver el amor de Dios en el mundo bello que nos rodea. Sentimos el amor de Dios en nuestras familias. Con toda la Iglesia, celebramos el amor de Dios.

El amor de Dios para nosotros, especialmente por medio de Jesús, es un regalo hermoso. Algunas veces estamos tan contentos por este amor que queremos compartirlo con los demás. Nuestros padres compartieron este amor cuando nos trajeron a la Iglesia para ser bautizados.

Algunas veces queremos decir: "Gracias, Dios, por habernos amado." La Biblia dice: "Señor, tu amor llega hasta los cielos. Podemos ver tu lealtad en los cielos. Tú cuidas a todas tus criaturas, Señor. Tu amor para nosotros es un regalo precioso."

Basado en el Salmo 36,6-8

[En la ilustración] Marca con una X cada cuadro en que reconoces una manera en que Dios te ama.

We Give Thanks

We thank you, God, with all our hearts
for Jesus' love from dawn till dark.
For all your creatures great and small,
We thank you, God, who made us all.
We thank you for our parents' love
and all good blessings from above. Amen.

Family Time

Set aside time this week to let each family member share some thoughts or feelings about each We Believe statement on this page.

Thank you, God.

We Believe

- [ ] The gift of God's love is all around us.
- [ ] Jesus felt God's love when he was baptized.
- [ ] Our parents shared God's love with us when we were baptized.
- [ ] In the sacraments and through God's people, we know and feel God's love.

9

Damos gracias

Te damos gracias, Señor, de todo corazón
por el amor de Jesús desde el amanecer hasta el anochecer.
Por todas las criaturas grandes y pequeñas,
Te damos gracias, Señor, Tú que nos hiciste a todos.
Te damos gracias por el amor de nuestros padres
y por todas las bendiciones del cielo. Amén.
[En la foto] Gracias, Dios.

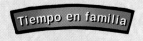 Reserve un tiempo esta semana para que cada miembro de la familia comparta sus pensamientos o sentimientos sobre cada afirmación de Creemos.

Creemos

- [ ] El regalo del amor de Dios nos rodea.
- [ ] Jesús sintió el amor de Dios cuando fue bautizado.
- [ ] Nuestros padres compartieron el amor de Dios en nuestro Bautismo.
- [ ] En los sacramentos y por medio del Pueblo de Dios, conocemos y sentimos el amor de Dios.

Usando la página de Tiempo de oración

We Remember and Celebrate

In this celebration, we remember that our parents wanted us to share in God's life and love, so we were baptized. We remember that special day. And we think about the gifts of life and love that are still all around us today. Listen now to God's word from Ephesians 1:3–10.

Come to the water now. Your teacher or parent will dip his or her hand in the water and celebrate with you your Baptism day. Then he or she will trace the sign of the cross on your forehead and say, "Remember, you are God's beloved child." You will respond,

"Thank you, God, for loving me."

Recordamos y celebramos

En esta celebración, recordamos que como nuestros padres querían que compartiéramos en la vida y el amor de Dios fuimos bautizados. Recordamos ese día especial. Y pensamos sobre los regalos de la vida y el amor que todavía nos rodean hoy día. Escuchen ahora la Palabra de Dios en Efesios 1,3–10.

Ahora acércate al agua. Tu maestro(a) o tu padre o tu madre meterá su mano en el agua y celebrará contigo el día de tu Bautismo. Luego él o ella hará la señal de la cruz sobre tu frente diciendo: "Acuérdate, tú eres el hijo querido(la hija querida) de Dios." Tú responderás:

"Gracias, Dios, por haberme amado."

El regalo de Jesús

Siguiendo al Espíritu

¿Qué significa para usted seguir al Espíritu? ¿Significa estar más atentos a la Palabra de Dios? ¿Significa pasar más tiempo en oración? Jesús quizo quedarse con nosotros, por eso nos envió el Espíritu Santo. El Espíritu nos recordará todo lo que Jesús había enseñado. Por eso se nos dice: "Sigan al Espíritu." Seguir al Espíritu es ser un discípulo, un seguidor de Jesús. Un seguidor de Jesús hace cosas especiales para otros. Consideren apartar tiempo para la oración cada día. Visiten a una persona que está enferma. Den la bienvenida a alguien que se mudó al vecindario. Estén atentos a algunas necesidades especiales de su familia.

El milagro de la vida

El nacimiento de cada niño(a) es un milagro y una bendición. Cada niño(a) es un regalo muy especial de Dios. Usted comparte con Dios el privilegio maravilloso de crear una vida nueva. Cuidar esa vida tan frágil es su privilegio y su responsabilidad. Una manera de cuidar a su niño(a) es bendecirlo(la) todos los días. Dar una bendición en el nombre de Dios le aumenta confianza en su niño(a) que Dios está con él o con ella. En todo lo que usted dice y hace, usted comienza a formar el corazón y los valores de su niño(a).

¡Qué dicha para usted poder formar el corazón de su niño(a)!

Aparte tiempo esta semana para reflexionar sobre el milagro de vida nueva. Luego identifique experiencias en su propia familia para hablar con su niño(a) de la maravilla que es crear, criar y dar vida. A lo mejor como familia han cultivado un jardín de flores o de vegetales o han ayudado a una persona a recuperar su salud. Usted le puede ayudar a su nino(a) a apreciar las muchas maneras en que ha experimentado vida nueva.

Enfocando en la oración

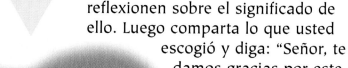

Así como los atletas constantemente están enfocados en la meta de su deporte particular, necesitamos enfocar nuestra atención en la oración. Invite a otros a enfocar su atención sobre una palabra, un símbolo religioso o un verso bíblico. En silencio

reflexionen sobre el significado de ello. Luego comparta lo que usted escogió y diga: "Señor, te damos gracias por este regalo de..." Cada uno dice lo que escogió y agrega una o dos frases sobre el significado. Después de que cada uno comparta, terminen con "Señor, te damos gracias por este regalo de..."

Actividad

SEA UN REGALO PARA ALGUIEN

Como familia, decidan esta semana como ustedes pueden hacer algo para una persona o familia necesitada. Cuando apartamos tiempo para hacer algo especial para una persona sin esperar algo a cambio, lo que hacemos es verdaderamente un regalo.

Algunas cosas que pueden hacer como familia son las siguientes. Asegure de que cada persona comparta en la oportunidad de dar. Sus niños(as) también probablemente tendrán algunas buenas ideas.

❖ Bendiga a su niño(a) todos los días para que sienta la presencia de Dios.
❖ Prepare una comida para una persona o familia necesitada.
❖ Haga tarjetas originales deseándoles buena salud a sus amigos o parientes que estén enfermos.
❖ Ayude a una persona analfabeta a escribir una carta para un ser querido.
❖ Regale ropa y juguetes a una familia necesitada.

Repasando la Lección 2

En esta lección, ayudamos a los niños a apreciar que todos son llamados a una vida de santidad mientras que sigan a Jesús, vivan en el Espíritu y participen en los sacramentos de la Iglesia.

 ## Tiempo en familia

En la actividad en la página 11, usted puede ayudar a su niño(a) a descubrir algunas de las cosas que hacen especial a una persona, incluso tener un sentido de humor, apartar tiempo para escuchar, compartir intereses similares o simplemente ser un amigo o una amiga. Mientras que comparta con su niño(a) lo que usted cree que es especial de Jesús, podría compartir su historia favorita acerca de Jesús o una historia que contó Jesús que tiene un sentido especial para usted. Ayúdele a su niño(a) a apreciar que Jesús es un regalo especial de Dios. Este sería un buen momento para usar la sugerencia para la oración en la página 10b de esta guía, usando la palabra *Jesús* para ayudar a la familia a enfocarse en un breve tiempo de oración.

 ## Tiempo de aprendizaje

1 Descubriendo a Dios en nuestras vidas

"Un huésped especial" en las páginas 12 y 13 le podrían recordar a su niño(a) de un tiempo cuando su propia familia se ha preparado para una visita de alguien especial. En revisar esta historia y la actividad que le sigue, ayúdele a su niño(a) a apreciar que el trato con ciertas personas hace resaltar nuestras mejores cualidades. Ayúdele a su niño(a) a identificar a esas personas cuyas opiniones de veras cuentan y que animan a su niño(a) a mostrar su mejor conducta. Comparta algunos ejemplos de su propia vida.

"¿Qué necesito?"

- libro del estudiante
- lápices o plumas
- Biblia de la familia
- una maceta con una semilla de flor

El trato con ciertas personas hace resaltar nuestras mejores cualidades.

SANTIDAD

PECADO

La santidad nos acerca a Dios y a los demás; el pecado nos separa de Dios y de los demás.

2 Encontrando a Dios en la Palabra y en la Tradición

Use las ilustraciones en las páginas 14 y 15 para ayudarle a su niño(a) a repasar la historia bíblica. En la primera escena Jesús está en la Última Cena, prometiendo enviar el Espíritu Santo a sus discípulos. En la segunda escena llamas de fuego caen sobre las cabezas de los discípulos. Los artistas tradicionalmente han usado esta imagen para mostrar al Espíritu Santo descendiendo sobre los seguidores de Jesús en Pentecostés. En la tercera escena San Pedro está hablando con la gente. Use el Glosario del libro del estudiante para repasar las palabras *discípulos, arrepentirse, Iglesia, pecado, perdón, Pentecostés* y *sanación*.

Las páginas 16 y 17 describen cómo el Espíritu Santo ayuda a la comunidad de la iglesia a vivir y crecer en modos que Dios quiere para nosotros. Pregúntele a su niño(a) que le diga que es lo que hace la santidad lo contrario del pecado. (La santidad nos acerca a Dios y los unos a los otros; el pecado nos separa de Dios y los unos de los otros.) Dele a su niño(a) la oportunidad de usar la oración que escribió para orar junto con la familia antes de la cena una vez esta semana.

3 Viviendo con Dios en nuestras vidas

La actividad en la página 18 le pide a su niño(a) a identificar algunas de las cosas que un católico(una católica) pueda pensar, decir o hacer. La página 19 presenta una oportunidad para que su familia dé gracias por el regalo de nueva vida y hablar sobre relaciones especiales. Repase las declaraciones de Creemos con su niño(a), leyéndolas en voz alta y omitiendo algunas palabras para que su niño(a) las complete.

Tiempo de oración

La celebración de oración en la página 20 le invita a compartir la parábola del sembrador y la semilla para ayudarle a su niño(a) a apreciar que la semilla de fe que Jesús ha plantado en cada uno de nosotros necesita ayuda para crecer. Quizás quisiera leer el Salmo 65 de la Biblia, invitando a la familia a que responda después de cada dos o tres versos.

2 Family Time

The Gift of Jesus

Whom does your child most like to spend time with? In the activity below, help your child describe what is special about that person. Then share what you believe is special about Jesus. Encourage your child to do the same on the lines provided.

Who Is Special to Me?

1. _____ is very special

to me because _____

_____.

2. Jesus is special to me because _____

_____

_____.

11

2 Tiempo en familia

El regalo de Jesús

¿Con quién le gusta más pasar el tiempo a su niño(a)? En la siguiente actividad, ayúdele a su niño(a) a describir lo que es especial de esa persona. Luego comparta lo que usted cree es especial de Jesús. Aníme a su niño(a) a hacer lo mismo en las siguientes líneas.

¿Quién es especial para mí?

1._____es muy especial para mí porque

_____.

2. Jesús es especial para mí porque _____

_____

_____.

2 Learning Time

The Gift of Jesus

A Special Guest

John was so excited! He could hardly wait to play basketball with Uncle Brad. John hoped that Uncle Brad might show him some new moves.

John's mom was happy too. Brad, her youngest brother, had just started college in the town where she and John lived. They would get to see Brad much more now. She wanted to make his visit very special. She asked John for his ideas.

◆12◆

2 Tiempo de aprendizaje

El regalo de Jesús

Un huésped especial

¡Juan estaba tan entusiasmado! Apenas se podía contener para jugar al básquetbol con su tío Brad. Juan esperaba que su tío Brad le enseñara algunas nuevas jugadas.

La mamá de Juan también estaba contenta. Brad, su hermano más joven, apenas había comenzado sus estudios en la universidad en la ciudad donde ella y Juan vivían. Ellos podrían ver a Brad más a menudo. Ella quería que su visita fuera muy especial. Ella le pidió a Juan que le diera sus ideas.

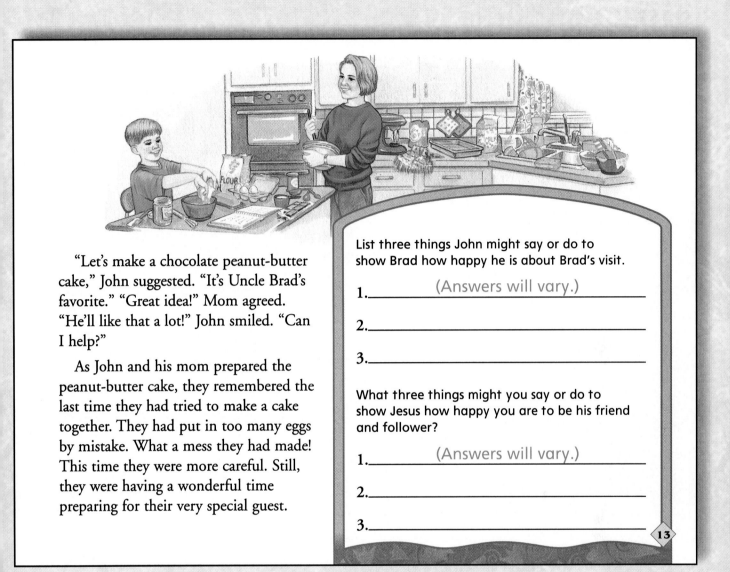

"Let's make a chocolate peanut-butter cake," John suggested. "It's Uncle Brad's favorite." "Great idea!" Mom agreed. "He'll like that a lot!" John smiled. "Can I help?"

As John and his mom prepared the peanut-butter cake, they remembered the last time they had tried to make a cake together. They had put in too many eggs by mistake. What a mess they had made! This time they were more careful. Still, they were having a wonderful time preparing for their very special guest.

List three things John might say or do to show Brad how happy he is about Brad's visit.

1._____(Answers will vary.)_____

2._____

3._____

What three things might you say or do to show Jesus how happy you are to be his friend and follower?

1._____(Answers will vary.)_____

2._____

3._____

13

"Vamos a hacer una torta de chocolate con mantequilla de cacahuate," sugirió Juan. "Es el favorito de mi tío Brad." "¡Gran idea!" Mamá se puso de acuerdo. "¡A él le gustaría eso mucho!" Juan sonrió. "¿Puedo ayudar?"

Mientras Juan y su mamá preparaban la torta de chocolate con mantequilla de cacahuate, ellos se acordaron de la última vez cuando habían tratado de hacer una torta juntos. Hicieron el error de poner demasiados huevos. ¡Fue un desastre! Esta vez tuvieron más cuidado. Además, estaban pasando un buen tiempo haciendo los preparativos para su huésped tan especial.

Enumera tres cosas que podría decir o hacer Juan para demostrarle a Brad lo contento que está por su visita.

1. ___(Habrán diversas contestaciones.)___

2. _____.

3. _____.

¿Qué tres cosas podrías decir o hacer tú para demostrarle a Jesús lo contento(a) que estás por ser su amigo(a) y seguidor(a)?

1. ___(Habrán diversas contestaciones.)___

2. _____.

3. _____.

Jesus Gives Us the Holy Spirit

The night before Jesus died, he said to his disciples, "Don't worry. I will always be with you. I will send the Holy Spirit to stay close to you forever."

Soon after Jesus died, the Holy Spirit came with a loud, gusting wind. Filled with the Holy Spirit, the disciples began to praise God. An excited crowd of people gathered in the streets to find out what was happening!

Peter shouted, "Listen, people! Jesus, who was crucified, has been raised from the dead!

Jesús nos da el Espíritu Santo

La noche antes de que Jesús murió, les dijo a sus discípulos: "No se preocupen. Yo siempre estaré con ustedes. Les enviaré el Espíritu Santo para que esté cerca de ustedes para siempre."

Poco después de que Jesús muriera, el Espíritu Santo vino en un ruidoso viento fuerte. Quedados llenos del Espíritu Santo, los discípulos comenzaron a alabar a Dios. Un gentío excitado se juntó en la calle para ver lo que estaba pasando.

Pedro exclamó: "¡Escuchen, gentes! ¡Jesús, que fue crucificado, ha resucitado de entre los muertos!"

Believe in him! Repent! Be baptized! Your sins will be forgiven! Receive the Holy Spirit!" Excited by Peter's words, many people were baptized that day.

Based on John 15:16, Matthew 28:20, and Acts 2

¡Crean en él! ¡Arrepiéntanse! ¡Sean bautizados! ¡Sus pecados serán perdonados! ¡Reciban el Espíritu Santo!" Estimulados por las palabras de Pedro, muchas gentes fueron bautizadas ese día.

Basado en Juan 15,16; Mateo 28,20 y Hechos 2

Life for the Church

$\mathbb{J}$ust as the Holy Spirit filled Jesus' followers with wonder and praise at Pentecost, the Holy Spirit fills us with new life today! One of the ways the Holy Spirit brings new life to the Church today is in the sacraments.

In Baptism, the Holy Spirit gives us new life in Jesus. We become members of the Church. We are part of God's family.

In Confirmation, the Holy Spirit makes our Baptismal faith stronger. We will learn to share our faith in Jesus by serving others. The Holy Spirit helps us tell others about Jesus' love.

In the Eucharist, the Holy Spirit changes our gifts of bread and wine into the gifts of Jesus' Body and Blood. The Holy Spirit also changes us. The Holy Spirit helps us unite with Jesus. Together we give God our lives and our love. We grow closer to God and one another. We show the world the love of Jesus who died on the cross for us.

Vida para la Iglesia

Así como el Espíritu Santo llenó a los discípulos de Jesús con admiración y alabanza el día de Pentecostés, ¡el Espíritu Santo nos llena de nueva vida hoy en día! Uno de los modos en que el Espíritu Santo da nueva vida a la Iglesia hoy en día es por los sacramentos.

En el Bautismo, el Espíritu Santo nos da nueva vida en Jesús. Nos hacemos miembros de la Iglesia. Somos parte de la familia de Dios.

En la Confirmación, el Espíritu Santo nos da fe y valor. Aprenderemos a compartir la fe en Jesús al servir a otros. El Espíritu Santo nos ayuda a hablarles a otros del amor que tiene Jesús para nosotros.

En la Eucaristía, el Espíritu Santo cambia nuestros regalos de pan y vino en los regalos del Cuerpo y la Sangre de Jesús. El Espíritu Santo también nos cambia a nosotros. El Espíritu Santo nos ayuda a unirnos con Jesús. Juntos damos nuestras vidas y nuestro amor a Dios. Nos unimos más con Dios y los unos con los otros. Le mostramos al mundo el amor de Jesús, quien murió en la cruz para nosotros.

As Catholics, we try to live the same way Jesus did. We can ask the Holy Spirit to guide us. The Holy Spirit helps us make good choices that keep us close to God and one another. We call this holiness.

Sometimes we say or do things that turn us away from God and others who love us. We call this sin.

When we have hurt one another, the Holy Spirit helps heal our friendships. Reconciliation is a sacrament of healing. In the Holy Spirit, we can hope that God will make things right again.

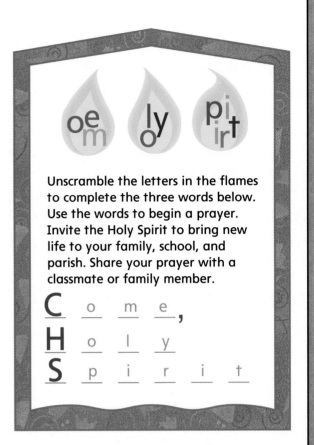

Unscramble the letters in the flames to complete the three words below. Use the words to begin a prayer. Invite the Holy Spirit to bring new life to your family, school, and parish. Share your prayer with a classmate or family member.

C <u>o</u> <u>m</u> <u>e</u>,
H <u>o</u> <u>l</u> <u>y</u>
S <u>p</u> <u>i</u> <u>r</u> <u>i</u> <u>t</u>

17

Como católicos, tratamos de vivir del mismo modo que Jesús. Podemos pedirle al Espíritu Santo que nos guíe. El Espíritu Santo nos ayuda a tomar buenas decisiones que nos mantienen cerca de Dios y unidos los unos a los otros. A esto lo llamamos santidad.

Pero a veces decimos o hacemos cosas que nos alejan de Dios y de otros que nos aman. A esto lo llamamos pecado.

Cuando nos hemos herido los unos a los otros, el Espíritu Santo nos ayuda a sanar nuestras amistades. La Reconciliación es el sacramento de sanación. En el Espíritu Santo, podemos esperar de que Dios remediará todas las cosas.

 ne psiruti nato

Arregla de nuevo las letras en las llamas para completar las siguientes tres palabras. Usa las palabras para comenzar una oración. Invita al Espíritu Santo que traiga nueva vida a tu familia, escuela y parroquia. Comparta tu oración con otro estudiante o miembro de tu familia.

V <u>e</u> <u>n</u>,
E <u>s</u> <u>p</u> <u>í</u> <u>r</u> <u>i</u> <u>t</u> <u>u</u>
S <u>a</u> <u>n</u> <u>t</u> <u>o</u>

Living in the Spirit

Living in the Spirit means following Jesus and believing Jesus is with us. It also means celebrating the sacraments with the family of the Church and listening to God in prayer.

Jesus is with us today through the grace of the Holy Spirit. Grace is the gift of God's love and presence in our lives that helps us live as Jesus taught.

We ask the Holy Spirit to help and guide us. When we sin, the Holy Spirit helps us to be sorry. When we make good choices, the Holy Spirit helps us to be holy.

Check each item below that someone who is living in the Spirit might say.

✔ 1. "I know that God loves me."

✔ 2. "I pray to Jesus every day."

✔ 3. "Let's be friends again!"

___ 4. "God is too busy to care for me."

✔ 5. "People at my parish care about me."

___ 6. "I will never tell her I'm sorry!"

18

Vivir en el Espíritu

Vivir en el Espíritu significa seguir a Jesús y creer que Jesús está con nosotros. También significa celebrar los sacramentos con la familia de la Iglesia y escuchar a Dios en la oración.

Jesús está con nosotros hoy día por medio de la gracia del Espíritu Santo. Gracia es el regalo del amor de Dios y su presencia en nuestra vida que nos ayuda a vivir como Jesús nos enseñó.

Le pedimos al Espíritu Santo que nos ayude y guíe. Cuando pecamos, el Espíritu Santo nos ayuda a arrepentirnos. Cuando tomamos buenas decisiones, el Espíritu Santo nos ayuda a ser santos.

Marca cada frase que alguien que vive en el Espíritu podría decir.

_____ 1. "Yo sé que Dios me ama."

_____ 2. "Yo le rezo a Jesús todos los días."

_____ 3. "Seremos amigos(as) otra vez."

_____ 4. "Dios está muy ocupado para cuidarme."

_____ 5. "La gente de la parroquia se preocupa por mí."

_____ 6. "Yo nunca le diré que estoy arrepentido(a)."

A Prayer for New Life

Thank you, Father, for your Son, Jesus,
who died for us.
Thank you, Jesus, for the Holy Spirit,
who brings us new life.
Thank you, Holy Spirit, for guiding us
and helping to make us holy.
Help us to live as your children, God.
May we receive the gift of new life that
you promise to all those who live
in your love.
Amen.

Family Time

Invite each family member to describe how a special follower of Jesus he or she knows lives a life of holiness in the Holy Spirit.

We Believe

- In his life and death, Jesus showed us God's love.
- Jesus gives us the Holy Spirit.
- The Holy Spirit brings us new life.
- In the sacraments, the Holy Spirit makes us holy.

19

Oración por la nueva vida

Gracias, Padre, por tu Hijo, Jesús,
que murió por nosotros.

Gracias, Jesús, por el Espíritu Santo,
que nos trae nueva vida.

Gracias, Espíritu Santo, por guiarnos
y ayudarnos a ser santos.

Ayúdanos, Dios, a vivir como tus hijos(as).

Que recibamos el regalo de la nueva vida que
tú prometes a todos aquellos(as) que viven en
tu amor. Amén.

Tiempo en familia Inviten a miembros de la familia a describir cómo un seguidor(a) especial de Jesús vive una vida de santidad en el Espíritu Santo.

Creemos

- Con su vida y su muerte, Jesús nos mostró el amor de Dios.
- Jesús nos da el Espíritu Santo.
- El Espíritu Santo nos da nueva vida.
- En los sacramentos, el Espíritu Santo nos hace santos.

We Remember and Celebrate

Today, we remember and celebrate our new life in Christ. God gave us this gift of new life at Baptism. We live this new life in the Holy Spirit, who helps us grow strong in our faith.

God's word tells about helping new life to grow. Let us listen to the story Jesus told about the Sower and the Seed from Matthew 13:3–9. We will respond:

"The seed that falls on good ground will yield a fruitful harvest."

Come forward to receive a potted flower seed. When we return to our seats, we greet one another with a hug or handshake and say,

"Be filled with new life!"

20

Recordamos y celebramos

Hoy, recordamos y celebramos nuestra nueva vida en Cristo. Dios nos dio este regalo de la nueva vida en el Bautismo. Vivimos esta nueva vida en el Espíritu Santo que nos ayuda a crecer fuertes en la fe.

La Palabra de Dios nos dice cómo hacer crecer la vida nueva. Vamos a escuchar la historia que Jesús dijo sobre el sembrador y la semilla en Mateo 13,3–9. Responderemos:

"La semilla que cae en buena tierra dará buena cosecha."

Vengan a recibir una maceta que tiene una semilla de flor. Cuando regresemos a nuestros asientos, nos daremos un abrazo o un apretón de mano y diremos:

"¡Que estés lleno(a) de la vida nueva!"

Respondiendo al regalo

DIOS, NUESTRO CENTRO

Desde que éramos niños hemos aprendido de nuestros padres que Dios viene primero en nuestra vida. Nos saludamos por la mañana diciendo "Qué Dios le dé un buen día." Cuando estamos preocupados rezamos "Dios mío, ¿qué más me pides de mí?" Al comenzar una tarea, nos ponemos en la presencia de Dios diciendo "En el nombre de Dios." Cuando alguien sale de camino, le deseamos que "Vaya con Dios." Nos despedimos por la noche diciendo "Hasta mañana" y nos encomendamos a Dios con la respuesta "Si Dios es servido."

Cuando nos apartamos de Dios y de otros, le pedimos perdón. Sabemos que Dios está lleno de misericordia. Misericordia quiere decir que Dios hace nuestra necesidad el centro de su corazón. Dependemos de Dios para vivir. Por eso, hacemos a Dios el Centro de nuestra vida.

Cultivando LA GRATITUD

Cuando pecamos, hacemos una decisión consciente de separarnos de Dios, Jesús y de los demás. Por medio de la Reconciliación, experimentamos una conversión. Regresamos a Dios y a la comunidad de fe. La conversión es un proceso de toda la vida. El Espíritu Santo obra por medio de nosotros y transforma nuestras vidas a la imagen de Cristo.

Un examen de conciencia puede ser un instrumento de la gracia de Dios. Es una bendición para la familia. Nos damos cuenta de que somos fuertes por la gracia de Dios y que a veces somos débiles. El examen de conciencia nos mueve hacia una respuesta de gratitud por los regalos del amor y de la misericordia de Dios. Estamos muy agradecidos de que la bondad de Dios llega hasta a un corazón arrepentido.

Una oración antes de comer

Padre, te damos gracias por el regalo de esta comida que vamos a compartir. Y te damos gracias por los unos y los otros. Llena nuestros corazones de gratitud y alabanza cada día mientras aprendemos a atesorar tus regalos del amor y de la misericordia, especialmente mientras experimentamos ese amor dentro de nuestra familia. Amén.

Actividad

UN ENSAYO PARA SER CONSCIENTES

Use estas preguntas para que le ayuden a usted y a su familia a ser conscientes de las abundantes bendiciones que Dios les ofrece cada día.

✔ ¿Apartamos tiempo cada día para hablar con Dios? ¿para escuchar a Dios? ¿para ver el amor de Dios en los unos y los otros?

✔ ¿Cualés son algunos modos que nos recuerdan la presencia de Dios en nuestro hogar y en nuestras vidas cada día?

✔ Cuando algo bueno ocurre, ¿le damos gracias a Dios? En tiempos de aflicción, ¿confiamos en el amor de Dios?

✔ ¿Podríamos compartir los unos con los otros o guardar un diario de las bendiciones por los cuales estamos agradecidos cada día?

Nuestro libro de bendiciones de la familia

enero–junio

Repasando la Lección 3

En esta lección, invitamos a los niños(as) a decir ¡Sí! a los regalos del amor y la misericordia de Dios al compartir agradecidamente estos regalos con los demás.

Tiempo en familia

La actividad en la página 21 le ayuda a su niño(a) a explorar modos en que ha expresado gracias a otros. Esta lección presenta una oportunidad excelente para que usted le ayude a su niño(a) a desarrollar una actitud de gratitud y a apreciar la importancia que esta virtud tiene para Jesús. Considere compartir la historia de los diez leprosos en Lucas 17,11–19 o un salmo de agradecimiento como el Salmo 118. Las páginas 57 y 58 del libro del estudiante también incluye algunas oraciones de alabanza y de gracias que su familia pueda compartir juntos.

Tiempo de aprendizaje

1 Descubriendo a Dios en nuestras vidas

La historia en las páginas 22 y 23 es sobre una oferta de amistad que es rechazada al principio y luego ofrecida de nuevo. Use las preguntas de "Habla de ello" en la página 23 para repasar la historia con su niño(a). Luego usted puede explorar con su niño(a) lo que podría haber pasado si Debra se hubiera desesperado con Elana. Con su niño(a) imagínese de esas veces que Elana y Debra lo pasaron muy bien ya que se hicieron amigas. Ayúdele a su niño(a) a apreciar cómo el perdón y las segundas oportunidades nos pueden llevar a la reconciliación y a nuevos comienzos, como una amistad nueva o renovada.

"¿Qué necesito?"

- libro del estudiante
- lápices o plumas
- colores o lápices de color
- corazones cortados de papel de construcción

Ayúdele a su niño(a) a desarrollar una actitud de gratitud.

2 Encontrando a Dios en la Palabra y en la Tradición

Use las ilustraciones en las páginas 24 y 25 para ayudarle a su niño(a) a explorar más allá esta parábola conocida del Hijo Pródigo. Al contarla de nuevo, la historia es menos sobre el arrepentimiento del hijo que el regalo del amor misericordioso del padre. Es una historia poderosa que le asegura a su niño(a) del amor incondicional de Dios, también puede poner la fundación para el conocimiento de su niño(a) sobre lo que es el examen de conciencia mientras que considere las decisiones que el hijo tiene que hacer. Las páginas 26 y 27 le ayudan a su niño(a) a considerar sus propias decisiones poco afectuosas. Use el Glosario del libro del estudiante para enseñar o repasar el significado de las palabras *misericordia* y *examen de conciencia*.

3 Viviendo con Dios en nuestras vidas

Invite a su niño(a) a compartir sus respuestas a las preguntas en la página 28. Luego hable sobre situaciones similares que puedan haber ocurrido en su propia familia. Busque modos creativos para rezar la oración en la página 29. Gestos piadosos pueden ser instrumentos poderosos de crecimiento en la vida piadosa de su familia. Las sugerencias de Tiempo en familia los invite a animarse los unos a los otros en este crecimiento. También considere usar las declaraciones de Creemos como un impulso para una oración de gratitud en una cena familiar esta semana. Por ejemplo: "Gracias, Espíritu Santo por ayudarnos a responder al amor de Dios."

☀ Tiempo de oración

Considere usar la celebración de oración en la página 30 en su hogar esta semana para animar a toda su familia a responder activamente a los regalos de Dios compartiendo estos regalos los unos con los otros o con amigos o vecinos. Invite a cada persona que escriba en un corazón de papel una promesa sencilla para compartir el amor, la misericordia o el perdón de Dios con alguien. Luego póngalos donde les recordarán a cada uno de su promesa.

Los gestos piadosos pueden ser instrumentos de crecimiento eficaces en la vida piadosa de su familia.

Te perdono por haber roto mi juguete.

Te ayudaré a poner la mesa.

Te leeré una historia

3
Family Time

Responding to the Gift

Help your child recall feelings of excitement or gratitude when he or she received an especially wonderful gift from someone. Then help your child explore ways to express appreciation by completing the activity below.

Ways to Say Thanks

Put a check mark next to each sentence that describes a way you have expressed thanks.

___ I wrote a thank-you note.

___ I gave a great big hug.

___ I said thanks over the telephone.

___ I sent an E-mail on my computer.

___ I did something special for someone.

21

3
Tiempo en familia

Respondiendo al regalo

Ayúdele a su niño(a) a recordar sentimientos de emoción o gratitud cuando él o ella recibió de alguien un regalo muy especial. Luego ayúdele a experimentar modos de expresar aprecio, completando la siguiente actividad.

Modos de decir gracias

Marca cada frase que describa un modo en que tú has expresado gracias.

_____ Escribí una nota para dar gracias.

_____ Di un abrazo bien fuerte.

_____ Dije gracias por teléfono.

_____ Mandé una carta electrónica.

_____ Hice algo especial por alguien.

Learning Time 3

Responding to the Gift

The Invitation

Every Friday in gym class the second graders play soccer. This week, Debra is a team captain. She asks Elana, the new girl at school, to be on her team.

"No!" says Elana. "I don't want to be on your team." Elana doesn't like her new school. She doesn't even like any of her new classmates. "I'll bet they can't even play soccer," she says to herself.

So Debra chooses other players, and the team goes out to the field. Elana just sits alone near the playground fence and watches the game.

The children run and pass. They kick and block. They cheer loudly. Debra's team wins the game, 3–0! They are so happy that they jump up and down as they pat each other on the back.

 22

Tiempo de aprendizaje 3

Respondiendo al regalo

La invitación

Cada viernes en la clase de gimnasia los niños del segundo grado juegan al fútbol. Esta semana, Debra es capitán del equipo. Le invita a Elana, la muchacha nueva en la escuela, a jugar en su equipo.

"¡No!" dice Elana. "No quiero estar en tu equipo." A Elana no le gusta su nueva escuela. Ni siquiera le gusta ninguno de sus compañeros de clase. "Seguro que ni saben jugar al fútbol," se dice a ella misma.

Por lo tanto Debra escoje a otros jugadores, y el equipo sale al campo. Elana se sienta a solas junto a la cerca del patio de recreo y observa el juego.

Los niños corren y pasan. Patean y bloquean. Vitorean recio. ¡El equipo de Debra gana el

Elana is amazed at how well Debra's team has played. She feels very lonely and sorry for herself. Then Debra stops. "Maybe next time you'll play with us?" she asks hopefully.

Elana's eyes open wide. She can't believe that Debra still wants to be her friend. "Oh, yes! Please . . . I mean, I'd love to!" Elana laughs as Debra offers a high-five.

Talk About It

1. How does Debra offer the gift of friendship or welcome to Elana?

2. Why, do you think, Elana refuses that gift?

3. What do you think helps Elana to change her mind?

juego, 3–0! Están tan contentos que brincan al mismo tiempo que se dan palmadas en la espalda.

Elana está sorprendida de lo bien que ha jugado el equipo de Debra. Se siente muy sola y miserable. Luego Debra se acerca. "¿A lo mejor jugarás con nosotros la próxima vez?" le pregunta con esperanza.

Se le abren los ojos a Elana. No puede creer que Debra todavía quiera ser su amiga. "¡Oh, sí! Por favor . . . quiero decir, ¡me gustaría!" Elana se ríe mientras Debra le ofrece un *high-five*.

Habla de ello

1. ¿Cómo le ofrece Debra el regalo de amistad o bienvenida a Elana?

2. ¿Por qué crees que Elana rechaza ese regalo?

3. ¿Qué crees que hace que Elana cambie de opinión?

The Father's Mercy

Jesus told a story about a generous father. One day, this man's younger son said to him, "Father, you know the money you plan to give me when I am older? I would like to have it now." He gave his son the money. Then the son left home and moved far away.

In a short time, the son spent all his money and had nothing left to eat. He got a job on a farm, feeding the pigs. He was so hungry, he wanted to eat what the pigs were eating. But nobody would let him.

The son began to think about going home. He would beg for his father's mercy. I will say to my father, "I have sinned against you and against God."

24

La misericordia del Padre

Jesús contó una historia de un padre generoso. Un día, el hijo menor de este hombre le dijo: "Padre, ¿te acuerdas del dinero que me vas a dar cuando sea mayor? Me gustaría tenerlo ahora." Él le dio el dinero a su hijo. Luego el hijo se fue de la casa y se marchó lejos.

En poco tiempo, el hijo gastó todo su dinero y no tenía nada que comer. Consiguió un trabajo en una granja, dándoles de comer a los cerdos. Tenía tanta hambre que quería comer lo que los cerdos comían. Pero nadie le dejó que lo hiciera.

El hijo comenzó a pensar en regresar a su casa. Le rogaría misericordia a su padre. Le diría: "He pecado contra ti y contra Dios."

So the son went home. When he was still far away, his father saw him coming. As fast as he could, the father ran to meet his boy and hugged him. His father gave him a robe, a ring, and sandals. Then he gave a big party to welcome his son home.

Based on Luke 15:11–24

25

Entonces el hijo se volvió a su casa. Cuando todaviá estaba lejos, su padre lo vio venir. Lo más rápido posible su padre corrió a recibir su hijo y lo abrazó. Le dio una túnica, un anillo y sandalias. Luego le obsequió a su hijo una gran fiesta para darle la bienvenida a su casa.

Basado en Lucas 15,11–24

God's Gift of Mercy

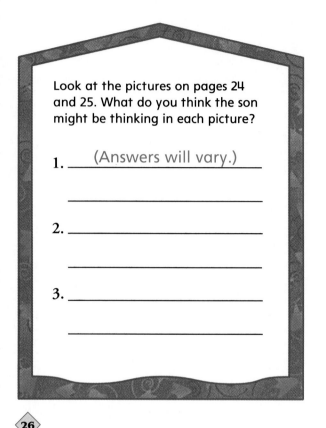

Look at the pictures on pages 24 and 25. What do you think the son might be thinking in each picture?

1. ___(Answers will vary.)___

_____

2. _____

_____

3. _____

_____

Jesus told the story about the generous father to teach about God's mercy. Some people thought that God did not love people who sinned. Jesus taught these people that God the Father loves all his children no matter what. We are God's children. God is always ready to forgive us and show us his love.

Like the father in the story, God wants to give us more than forgiveness and love. He wants to show mercy, too. Mercy is kindness and generosity greater than we can ever imagine. Mercy is what the father showed when he gave his son the robe, ring, and sandals.

El regalo de la misericordia de Dios

Jesús contó la historia del padre generoso para mostrarnos la misericordia de Dios. Algunas personas pensaban que Dios no amaba a los que pecaban. Jesús les enseñó a esa gente que Dios Padre sí ama a todos sus hijos, sea lo que sea. Somos hijos de Dios. Dios siempre está dispuesto para perdonarnos y mostrarnos su amor.

Como el padre en la historia, Dios nos quiere dar más que perdón y amor. También nos quiere mostrar misericordia. Misericordia es bondad y generosidad más allá de lo que nos imaginamos. Misericordia es lo que el padre

mostró cuando le dio a su hijo la túnica, el anillo y las sandalias.

Mira las ilustraciones en las páginas 24 y 25. ¿Qué crees que podría estar pensando el hijo en cada cuadro?

1. ___(Habrán diversas contestaciones.)___

_____

2. _____

_____

3. _____

_____

In the stories we have read in this lesson, mercy was shown to people who made selfish choices. Debra showed mercy to Elana. Debra gave Elana another chance to be a part of her team. The father showed mercy to his son. He even rejoiced and gave gifts to his son.

Do you ever make selfish choices? We are preparing to receive God's mercy in the sacrament of Reconciliation. We ask the Holy Spirit to help us think about our selfish words and actions. We call this an examination of conscience.

Selfish choices can be wrong. When we choose to do wrong, we sin.

Mortal Sin

Some sins are so selfish that they stop us from loving God and other people. These very selfish, serious sins are called mortal sins. Mortal means *deadly*.

Mortal sin does not end God's love for us. God wants to show us mercy in Reconciliation.

Venial Sin

Sometimes we choose to do wrong things that are not so serious. These sins are called venial sins. Our love can be weak. God wants us to grow strong in love in the sacrament of Reconciliation.

En las historias que hemos leído en esta lección, se les mostró misericordia a personas que tomaron decisiones egoístas. Debra mostró misericordia a Elana. Debra le dio otra oportunidad de participar en el equipo. El padre mostró misericordia a su hijo. Hasta se alegró y le dio regalos.

¿Tomas tú decisiones egoístas? Nos estamos preparando para recibir la misericordia de Dios en el sacramento de la Reconciliación. Le pedimos al Espíritu Santo que nos ayude a pensar en nuestras palabras y acciones egoístas. A esto lo llamamos un examen de conciencia.

Decisiones egoístas pueden ser malas. Cuando elegimos hacer mal, pecamos.

Pecado Mortal Algunos pecados son tan egoístas que nos impiden amar a Dios y a otras personas. Estos pecados tan egoístas y serios se llaman pecados mortales. Mortal significa *perteneciente o relativo a la muerte*.
El pecado mortal no pone fin al amor de Dios hacia nosotros. Dios quiere mostrarnos misericordia en la Reconciliación.

Pecado Venial Algunas veces elegimos hacer cosas malas que no son tan serias. Estos pecados se llaman pecados veniales. Nuestro amor puede ser débil. Dios quiere que crezcamos fuertes en amor en el sacramento de la Reconciliación.

Just Say Yes!

We have learned that God loves us more than we can ever imagine! And we thank God for sending Jesus to show us that love!

We have prayed that the Holy Spirit will help us to make choices that heal us. We pray that we will stay united with God and one another. And we are beginning to cherish the gift of new life that the Holy Spirit brings.

We have learned that Jesus calls us to accept God's gifts of forgiveness and mercy. And we rejoice that we can show forgiveness and mercy to one another.

How can **you** say Yes! to God's gifts of forgiveness, mercy, and love?

Tell what you think is happening in each picture. Share what gift you think is being offered. Tell how you know someone is saying Yes! to the gift.

¡Sólo di que sí!

¡Hemos aprendido que Dios nos ama más de lo que nos imaginamos! ¡Y le damos gracias a Dios por habernos enviado a Jesús para mostrarnos ese amor!

Hemos rezado para que el Espíritu Santo nos ayude a tomar decisiones que nos sanan. Rezamos para que estemos siempre unidos con Dios y unos con otros. Y comenzamos a apreciar el regalo de la nueva vida que nos trae el Espíritu Santo.

Hemos aprendido que Jesús nos llama a aceptar los regalos del perdón y la misericordia de Dios. Y nos alegramos que podemos mostrar perdón y misericordia los unos a los otros.

¿Cómo puedes decir "Sí" a los regalos del perdón, la misericordia y el amor de Dios?

[Leyenda] Di lo que crees que está pasando en cada cuadro. Di qué clase de regalo se está ofreciendo. Di cómo sabes que alguien dice "Sí" al regalo.

With Open Hands

With open hands, we pray today.
We offer thanks in what we say.
May all we do say Yes! to you
And to your gift of life anew.
With open hands we pray to be
Forever grateful. For you see
No greater friend could ever live
Who's always ready to forgive!
Amen.

Family Time

Encourage one another to pray with open hands and to cherish the gifts God gives. As a family, plan a special way to thank God this week.

We Believe

- ☐ The Holy Spirit helps us to respond to God's love.
- ☐ Sometimes we respond by making selfish choices.
- ☐ God still loves us, even when we sin.
- ☐ God shows mercy to all his children.

29

Con manos abiertas

Con manos abiertas, rezamos hoy.
Ofrecemos gracias en lo que decimos.
Que todo lo que hagamos diga "Sí" a ti
y a tu regalo de vida hecha de nuevo.
Con manos abiertas pedimos ser
agradecidos para siempre. Porque, como ves,
¡que no puede haber mejor amigo que éste
que siempre está dispuesto a perdonar!
Amén.

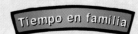 **Tiempo en familia** Anímense a rezar con manos abiertas y a apreciar los regalos que Dios nos da. Como familia, den gracias a Dios de un modo especial esta semana.

Creemos

- ☐ El Espíritu Santo nos ayuda a responder al amor de Dios.
- ☐ A veces respondemos tomando decisiones egoístas.
- ☐ Dios nos ama, aun cuando pecamos.
- ☐ Dios muestra misericordia a todos sus hijos(as).

Prayer Time 3

We Remember and Celebrate

We remember God's great, forgiving love and mercy for each of us. We respond to that love by turning to God and one another. We receive the gift of God's love with open hands and hearts. Listen to God's word from the first letter of John in the Bible (1 John 4:7–11, 16b).

With both palms facing up, come forward. You will receive a heart in the palm of your hand. This will show that you want to accept God's love. Then give hearts to one another to share the gift of God's love. When you give a heart, say, "May God's mercy fill your heart." Together you can then say,

"Because God first loved us, let us love one another."

30

Tiempo de oración 3

Recordamos y celebramos

Recordamos el gran amor clemente y misericordioso de Dios por cada uno de nosotros. Respondemos a ese amor recurriendo a Dios y los unos a los otros. Recibimos el regalo del amor de Dios con manos y corazones abiertos. Escuchen la Palabra de Dios de la Primera Carta de Juan en la Biblia (1 Juan 4,7–11, 16b).

Mostrando las palmas de sus manos,

acérquense. Recibirán un corazón en la palma de su mano. Esto mostrará que ustedes quieren aceptar el amor de Dios. Luego dense los corazones unos a otros para compartir el regalo del amor de Dios. Cuando des un corazón, di: "Que la misericordia de Dios llene tu corazón." Juntos pueden decir:

"Porque Dios nos amó primero, amémonos unos a otros."

El regalo del perdón

La llamada a perdonar

Una madre perdió a su hijo a la violencia. Cuando se le preguntó que opinaba de la persona que le quitó la vida a su hijo, ella contestó: "Si Dios ya le perdonó, ¿quién soy yo para juzgarlo?" Su respuesta es verdaderamente cristiana. En la oración del Padre Nuestro decimos: "Perdona nuestras ofensas como también nosotros perdonamos a los que nos ofenden." La cosa más difícil que Jesús nos pide en ser sus discípulos es perdonar las ofensas de otros. Jesús nos enseñó que Dios nos perdo-nará tan generosamente como nosotros perdonamos a otros incondicionalmente.

Los regalos del perdón y la misericordia de Dios no tienen ni medida ni límites. Como Dios ama y perdona infinitamente, usted es llamado(a) a amar y a perdonar a otros. ¡Dios frecuentemente perdona y ama por medio de usted! ¿Cómo responde usted a la llamada a amar y a perdonar a otros en su vida?

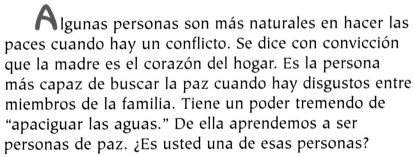

Algunas personas son más naturales en hacer las paces cuando hay un conflicto. Se dice con convicción que la madre es el corazón del hogar. Es la persona más capaz de buscar la paz cuando hay disgustos entre miembros de la familia. Tiene un poder tremendo de "apaciguar las aguas." De ella aprendemos a ser personas de paz. ¿Es usted una de esas personas?

Diariamente, guardar la paz frecuentemente tiene que ver más con los errores inocentes o no tan inocentes que otros cometen. Nuestra paciencia fácilmente puede ser probada. Como gente sacramental somos llamados a ser signos del amor y de la misericordia de Dios. Somos llamados a ofrecer el perdón todo el tiempo, con o sin palabras.

Una Oración para "Reconciliar el Pasado"

*E*n el espíritu del nuevo milenio, reuna a su familia para orar un rato. Pidan la gracia de poder reconciliar los rencores que llevan en el corazón contra otra persona. Los rencores dañan al corazón que se repara sólo con el perdón. Si usted cree que alguien le debe algo, perdónele incondicionalmente. Si usted guarda un rencor, pida perdón. Luego ofrézcale su perdón a esa persona. Esto puede ser una buena manera de curar las heridas del corazón y comenzar a reconstruir las relaciones deshechas entre familia debidas al pecado en nuestras vidas. Pida que Dios les ayude a perdonarse completamente los unos a los otros. Y prometan nunca volver a hablar de tal incidente ya que lo han reconciliado en oración.

Actividad

UN JUEGO DE APRENDIZAJE

Materiales: Diez o más fichas midiendo 6" x 8" con descripciones de acciones familiares que pueden tomar lugar en el hogar. En la mitad de las fichas están escritas descripciones de pecados. En la otra mitad están escritas descripciones de errores.

Instrucciones: Escriba con letra de molde una frase descriptiva de un pecado o un error en cada ficha. También escriba la letra **P** o la letra **E** debajo de cada frase para identificarla como un pecado o un error. Mezcle las fichas. Luego tomen turnos sacando fichas. La persona que saca la ficha de arriba le lee la frase al jugador o a la jugadora a la izquierda. Esta persona decide si la frase describe un pecado o un error. El jugador o la jugadora a la izquierda saca la siguiente ficha y el juego sigue hasta que todas las fichas se han jugado.

P

Robé dulces de la tienda.

E

Dejé mi bicicleta afuera en la lluvia.

Repasando la Lección 4

En esta lección, ayudamos a los niños a apreciar el gozo de recibir y ofrecer el regalo del perdón mientras dan sus primeros pasos hacia la reconciliación.

Tiempo en familia

Al completar la actividad en la página 31 con su niño(a), tome tiempo para buscar ejemplos que le pueden ayudar a usted y a su niño(a) a contestar cada pregunta claramente y honestamente. Quédese enfocado sobre experiencias sencillas de perdón dentro de la familia—entre hermanos o hermanas, entre padres y madres, o entre padre o madre y niño(a). Aníme a su niño(a) a identificar cómo se sentían antes de y después del momento de haber recibido el perdón o la reconciliación. Note que algunas veces la reconciliación no ocurre hasta mucho más tarde. El perdón es el primer paso.

Tiempo de aprendizaje

1 Descubriendo a Dios en nuestras vidas

Al repasar la historia que empieza en la página 32, pídale a su niño(a) que le diga en el orden debido las cuatro partes de la historia de la actividad en la página 33. Ayúdele a su niño(a) a entender lo que la mamá de Andy quiere decir cuando habla de dar el primer paso. Piense en otros ejemplos para compartir. Luego pregúntele a su niño(a) que le explique cuándo es que la mamá de Andy empezó a cambiar de estar enojada a estar arrepentida y cómo se hubiera sentido ella.

Algunas veces la reconciliación no ocurre hasta mucho más tarde.
El perdón es el primer paso.

Cuando estamos libres de culpa o de la carga del pecado, el amor de Dios puede crecer dentro de nosotros más plenamente.

2 Encontrando a Dios en la Palabra y en la Tradición

La historia del Buen Pastor en las páginas 34 y 35 frecuentemente inspira en los niños una esperanza sincera y una confianza genuina en un Dios muy cariñoso. Lea esta historia con su niño(a). Indique detalles en las ilustraciones como la senda serpentina, el terreno pedregoso y los cambios de expresión en el rostro del pastor. Considere compartir con su niño(a) otros libros, retratos y más información o objetos que le pueden ayudar a su niño(a) a apreciar aún más lo mucho que un pastor cuida de sus ovejas.

En repasar el texto en las páginas 36 y 37, use el Glosario del libro del estudiante para repasar las definiciones de las palabras *pecado* y *reconciliación*. El ejercicio en la página 37 le puede ayudar a su niño(a) a distinguir entre un error y un pecado.

3 Viviendo con Dios en nuestras vidas

En la página 38 su niño(a) aprende que la Eucaristía y la Reconciliación nos reconcilian con Dios y los unos con los otros. Ayúdele a su niño(a) a apreciar que la Penitencia es un modo positivo de crecimiento y madurez que llevan a una vida más tranquila. Cuando estamos libres de culpa o de la carga del pecado, el amor de Dios puede crecer dentro de nosotros más plenamente. Reafirme estos puntos en repasar juntos las declaraciones de Creemos. Considere rezar la "Oración para alegrarnos" cada día con su niño(a). Use la oración de Tiempo en familia como sea apropiado.

Tiempo de oración

Este ritual sencillo celebra el gozo de la reconciliación. También presenta una oportunidad para enseñar o revisar un acto de contrición. Adicionales oraciones de contrición se encuentran en la página 56 del libro del estudiante. Si usa este ritual en el hogar, presente una tarjeta o un regalo que expresa su perdón a su niño(a) y asegúrele que Dios perdona aun en maneras más grandes. Ayúdeles a su niño(a) y toda la familia a apreciar que Dios está contentísimo con nosotros, especialmente cuando aceptamos y celebramos los regalos que Dios nos ofrece.

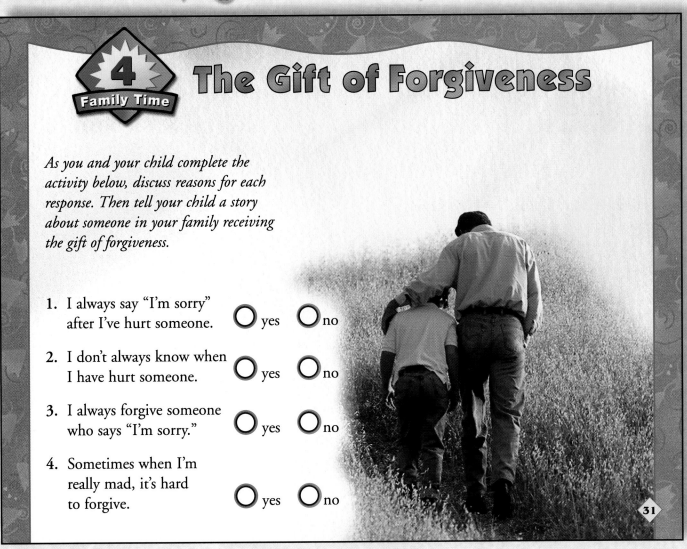

4
Family Time

The Gift of Forgiveness

As you and your child complete the activity below, discuss reasons for each response. Then tell your child a story about someone in your family receiving the gift of forgiveness.

1. I always say "I'm sorry" after I've hurt someone. ◯ yes ◯ no

2. I don't always know when I have hurt someone. ◯ yes ◯ no

3. I always forgive someone who says "I'm sorry." ◯ yes ◯ no

4. Sometimes when I'm really mad, it's hard to forgive. ◯ yes ◯ no

31

4
Tiempo en familia

El regalo del perdón

Mientras usted y su niño(a) completen la siguiente actividad, hablen sobre las razones para cada respuesta. Luego cuéntele a su niño(a) una historia de alguien en su familia que recibió el regalo del perdón.

1. Siempre digo "me arrepiento" después de lastimar a alguien.
   sí ◯   no ◯

2. No siempre me doy cuenta cuando he lastimado a alguien.
   sí ◯   no ◯

3. Siempre perdono a alguien que me dice "me arrepiento."
   sí ◯   no ◯

4. A veces cuando estoy muy enojado, es difícil perdonar.
   sí ◯   no ◯

4 Learning Time

The Gift of Forgiveness

The First Step

Mom slammed down the phone. "That Mrs. Williams always makes trouble!" she muttered. Mrs. Williams and Mom were always arguing.

"Why do you two fight all the time, Mom?" Andy asked.

"Don't ask so many questions," Mom said.

"I heard at school that Mr. Williams lost his job," said Andy. Mom looked worried.

Mom was quiet all through breakfast. She wrinkled her forehead and pushed her eggs around her plate. Finally, she got up and started taking food out of the cupboard. Andy wondered what Mom was doing.

 32

4 Tiempo de aprendizaje

El regalo del perdón

El primer paso

Mamá tiró el teléfono. "¡Esa Sra. Williams siempre dando problemas!" ella murmuró. La Sra. Williams y mamá siempre discutían.

"¿Por qué se pelean ustedes todo el tiempo, mamá?" le preguntó Andy.

"No hagas tantas preguntas," le dijo mamá.

"En la escuela oí que el Sr. Williams perdió su trabajo," le dijo Andy. Mamá se veía preocupada.

Mamá estaba quieta durante el desayuno. Movía de un lado para otro los huevos en su plato, y frunció las cejas. Al fin, se levantó y comenzó a sacar comida del armario. Andy se preguntaba qué hacía su mamá.

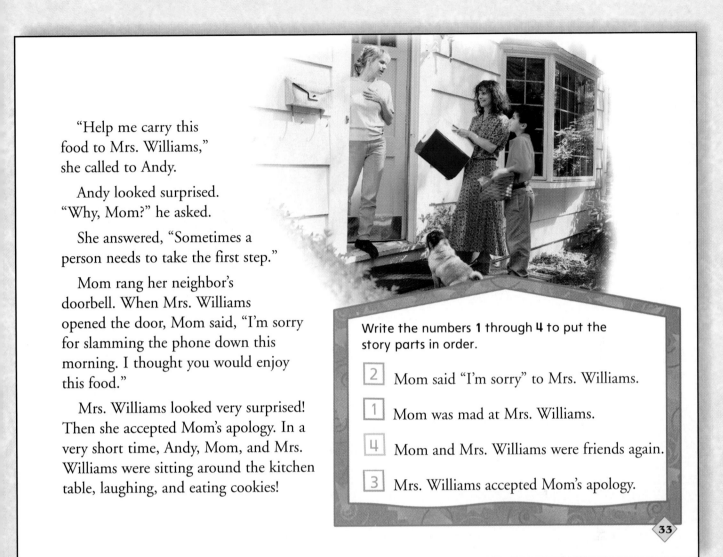

"Help me carry this food to Mrs. Williams," she called to Andy.

Andy looked surprised. "Why, Mom?" he asked.

She answered, "Sometimes a person needs to take the first step."

Mom rang her neighbor's doorbell. When Mrs. Williams opened the door, Mom said, "I'm sorry for slamming the phone down this morning. I thought you would enjoy this food."

Mrs. Williams looked very surprised! Then she accepted Mom's apology. In a very short time, Andy, Mom, and Mrs. Williams were sitting around the kitchen table, laughing, and eating cookies!

Write the numbers **1** through **4** to put the story parts in order.

2	Mom said "I'm sorry" to Mrs. Williams.
1	Mom was mad at Mrs. Williams.
4	Mom and Mrs. Williams were friends again.
3	Mrs. Williams accepted Mom's apology.

33

"Ayúdame a llevar esta comida a la Sra. Williams," le llamó a Andy.

Andy se sorprendió. "¿Por qúe, mamá?"

Ella contestó: "A veces una persona tiene que dar el primer paso."

Mamá tocó el timbre de la puerta de su vecina. Cuando la Sra. Williams abrió la puerta, mamá le dijo: "Siento haber tirado el teléfono esta mañana. Pensé que te gustaría esta comida."

¡La Sra. Williams se vio muy sorprendida! Luego aceptó la disculpa de mamá. En poco tiempo, Andy, mamá y la Sra. Williams esta-ban sentados alrededor de la mesa de la cocina, riéndose y comiendo galletas!

Escribe los números del 1 al 4 para poner en orden los elementos de la historia.

☐	Mamá le dijo "me arrepiento" a la Sra. Williams.
☐	Mamá estaba enojada con la Sra. Williams.
☐	Mamá y la Sra. Williams se hicieron amigas nuevamente.
☐	La Sra. Williams aceptó la disculpa de mamá.

The Good Shepherd

esus once told a story about a shepherd who also took the first step. The shepherd cared for one hundred sheep. One day he counted his sheep, but there were only ninety-nine. One sheep was gone.

The shepherd could have waited for the lost sheep to find its own way home. But he immediately went out to look for the sheep. He was a good shepherd. He searched all day long. Later that night, the shepherd finally found the sheep who was lost.

34

El Buen Pastor

Jesús alguna vez contó una historia de un pastor que también dio el primer paso. El pastor cuidaba cien ovejas. Un día contó sus ovejas, pero habían solamente noventa y nueve. Una oveja se había desaparecido.

El pastor podría haber esperado a que la oveja perdida hallara su camino de vuelta. Pero inmediatemente salió en busca de la oveja. Era un buen pastor. Buscó todo el día. Por la noche ya tarde, el pastor por fin halló la oveja que estaba perdida.

The shepherd was so happy! He ran to the sheep, reached out, picked it up, and cuddled it gently in his arms. Then, singing a joyful song, he put the sheep on his shoulders and carried it back to the flock.

Based on Luke 15:4–6

¡El pastor se puso tan contento! Corrió hacia la oveja, extendió los brazos, la levantó y la abrazó tiernamente. Luego, cantando una canción alegre, puso la oveja en sus hombros y la llevó de vuelta al rebaño.

Basado en Lucas 15,4–6

A Mistake Is Not a Sin

We sometimes call Jesus "the Good Shepherd" because Jesus says that he came to find and save people who were lost. Being lost can mean many things. It can mean just wandering off by mistake from someone who cares for us, like the sheep in Jesus' story. Have you ever been lost in a store or a park?

In the Bible, being lost can also mean being a person who sins. What if the sheep were angry at the shepherd and got lost on purpose, just to cause trouble? We would call this a sin. When we know that something is wrong, and we do it anyway, this is a sin.

Un error no es pecado

A veces le llamamos a Jesús "el Buen Pastor" porque Jesús dice que vino a buscar y salvar a los que estan perdidos. Estar perdido puede significar muchas cosas. Puede significar simplemente alejarse por error de alguien que tiene cuidado de nosotros, como la oveja en la historia de Jesús. Alguna vez, ¿te has perdido en una tienda o en un parque?

En la Biblia, estar perdido también puede significar ser una persona que peca. ¿Cómo sería si las ovejas estaban enojadas con el pastor y se perdieran a propósito, sólo para causar problemas? A esto le llamaríamos pecado. Cuando sabemos que algo es malo, y sin embargo lo hacemos, esto es un pecado.

[Letrero en la foto] Centro de entretenimiento fotográfico

Whether we make mistakes or we sin, Jesus never leaves us lost or alone. Jesus looks for us to bring us back into his loving arms. He offers us the gift of forgiveness as often as we need it, even before we ask. We can also offer this gift to others, even before they ask. Two people sometimes are separated by sin. If they share the gift of forgiveness, they can be friends again. We call this reconciliation.

Write **S** next to each sentence that describes a **sin**.
Write **M** next to each sentence that describes a **mistake**.

<u>M</u> I accidentally spilled milk all over my sister's homework.

<u>S</u> I said some really bad things about someone on purpose.

<u>S</u> I stole a candy bar from my classmate's desk.

<u>M</u> I took my brother's mitt to the game by mistake.

Si hacemos errores o pecamos, Jesús nunca nos deja ni perdidos ni solos. Jesús siempre nos busca para devolvernos a sus brazos amorosos. Nos ofrece el regalo del perdón tan frecuentemente como lo necesitemos, aun antes de que lo pedimos. También podemos ofrecerles este regalo a otros, aun antes de que lo pidan. Dos personas a veces están separadas por el pecado. Si comparten el regalo del perdón, pueden ser amigos(as) de nuevo. A esto lo llamamos reconciliación.

Escribe la letra **P** al lado de cada frase que describe un pecado.
Escribe la letra **E** al lado de cada frase que describe un error.

_____E_____ Por casualidad derramé leche sobre la tarea de mi hermana.

_____P_____ Dije algunas cosas realmente malas de alguien a propósito.

_____P_____ Me robé un dulce del escritorio de mi compañero de clase.

_____E_____ Por equivocación me llevé el guante de mi hermano al partido.

The Gift Of Reconciliation

As Catholics, we are called to be friends with God and one another. At Mass, we celebrate that friendship in the Sign of Peace. In an act of contrition, we say we are sorry for our sins. The Holy Spirit helps bring us together again. At Mass, we are reconciled.

In the sacrament of Reconciliation, or Penance, the Holy Spirit reconciles us with God and one another. We confess our sins to a priest. He forgives our sins in the words of absolution.

Then he tells us how we can show we are sorry. We call this penance. We promise to say a special prayer or do something special for someone. By the power of the Holy Spirit, the sacrament changes us and helps us to live in God's peace.

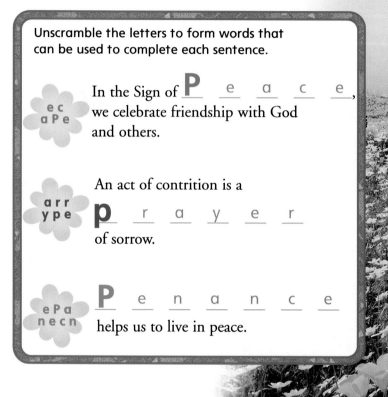

Unscramble the letters to form words that can be used to complete each sentence.

e c a P e   In the Sign of **P e a c e**, we celebrate friendship with God and others.

a r r y p e   An act of contrition is a **p r a y e r** of sorrow.

e P a n e c n   **P e n a n c e** helps us to live in peace.

38

Sacramentos de paz

Como católicos, somos llamados a ser amigos(as) con Dios y los unos con los otros. En la misa, celebramos esa amistad en la señal de paz. En un acto de contrición, decimos que estamos arrepentidos por nuestros pecados. El Espíritu Santo nos ayuda a unirnos otra vez. En la misa, somos reconciliados.
En el sacramento de la Reconciliación, o Penitencia, el Espíritu Santo nos reconcilia con Dios y los unos con los otros. Confesamos nuestros pecados al sacerdote. Él nos perdona con las palabras de absolución.

Luego nos habla de cómo podemos demostrar que estamos arrepentidos. A esto lo llamamos penitencia. Prometemos rezar una oración especial or hacer algo especial por alguien. Por el poder del Espíritu Santo, la Reconciliación nos cambia y nos ayuda a vivir en la paz de Dios.

Arregla de nuevo las letras para formar palabras que se puedan usar para completar cada frase.

Vea la página 39.

Prayer to Be Joyful

Lord Jesus, give us the courage to share the gift of forgiveness. Help us to be joyful as we make peace with God and with one another. Amen.

Family Time

Pray that two people in your family who do not yet know the joy of reconciliation will soon make peace with each other.

We Believe

☐ Jesus is the Good Shepherd, who cares for us always.

☐ Jesus forgives us, and we forgive one another.

☐ We celebrate peace and reconciliation at Mass and in Penance.

☐ In the sacrament of Penance, the Holy Spirit help us change.

39

---

a p z o c i n a r ó n e c i t i n e p a

En la señal de la p a z, celebramos amistad con Dios y otros.

Un acto de contrición es una o r a c i ó n de arrepentimiento.

La P e n i t e n c i a nos ayuda a vivir en paz.

Oración para alegrarnos

Señor Jesús, danos el valor para compartir el regalo del perdón. Ayúdanos a alegrarnos mientras hacemos las paces con Dios y los unos con los otros. Amén.

 Recen para que dos personas en su familia que todavía no conocen el gozo de la reconciliación pronto hagan las paces entre ellos.

Creemos

☐ Jesús es el Buen Pastor que nos cuida siempre.

☐ Jesús nos perdona y nosotros nos perdonamos los unos a los otros.

☐ Celebramos la paz y la reconciliación en la misa y en la Penitencia.

☐ En el sacramento de la Penitencia, el Espíritu Santo nos ayuda cambiar.

We Remember and Celebrate

Today, we celebrate the joy that comes when we make peace with God and one another. The gift of forgiveness brings new life and renews friendships. Let us listen to God's word from Zephaniah 3:17, which tells us how God shares our joy.

Each time we accept forgiveness, God rejoices. Each time we offer forgiveness, God rejoices.

Let us now pray together an act of contrition. **"Father, I am sorry for all my sins: for what I have done and for what I have failed to do. I will sincerely try to do better."**

Trusting in God's gift of forgiveness, receive now a special gift from your teacher or parent. Then share a sign of peace and sing together a song of joy.

Recordamos y celebramos

Hoy, celebramos el gozo que sentimos cuando hacemos las paces con Dios y los unos con los otros. El regalo del perdón nos trae vida nueva y renueva amistades. Escuchemos la Palabra de Dios en Sofonías 3,17, que nos dice cómo Dios comparte en nuestro gozo.

Cada vez que aceptamos el perdón, Dios se alegra. Cada vez que ofrecemos el perdón, Dios se alegra.

Recemos juntos un acto de contrición.
"Padre, me arrepiento por todos mis pecados: por lo que he hecho y por todo lo que he omitido. Sinceramente trataré de mejorar."
Confiando en el regalo del perdón de Dios, reciban ahora un regalo especial de su maestro(a) o de su padre o madre. Luego compartan una señal de paz y juntos canten un canto de alegría.

Celebrando el regalo
El ministerio de la Reconciliación

*E*n ayudar a otra gente hacer las paces los unos con los otros y especialmente nuestros niños(as), podríamos tener en mente la imagen de barro en las manos del alfarero. Permitimos que el amor del perdón de Cristo nos forme y moldée y nos libre para convertirnos completamente en una nueva creación. Ser perdonados hace posible que nosotros invitemos a otros a experimentar lo mismo. Recordando el gozo de sanación de nuestras propias heridas, nos da la fortaleza para hacer las paces entre otros o entre nosotros y alguien más.

Nuestra llamada a la felicidad

*D*ios ha puesto un deseo para la felicidad en cada uno de nuestros corazones. Este deseo nos atrae, últimamente, al Único que nos puede dar la felicidad plena y perfecta. Descubrimos muy pronto que la riqueza, la fama y el poder—cosas que se consideran fuentes de gozo en este mundo—sólo ofrecen una especie de felicidad frágil, vacía, temporal.

En Mateo, capítulo 5, encontramos el mero centro de las enseñanzas de Jesús: las bienaventuranzas. En un sentido, las bienaventuranzas presentan una imagen verbal de Jesús: el pobre, el manso, el misericordioso, el conciliador. Sencillamente dicho, nuestra llamada a seguir a Jesús es una llamada a la felicidad. Y la felicidad que ya experimentamos es sólo una visión de las grandes cosas venideras en el reino eterno de Dios.

HAZ DE MÍ UNA BENDICIÓN

Una noche de esta semana, invite a cada miembro de la familia a ofrecer esta oración en presencia de toda la familia: "Señor, haz de mí una bendición para mi familia." Luego recen juntos por el deseo de seguir estrechamente a Jesús aún más cada día y de vivir cómo Jesús enseñó para que puedan gozar de todas las bendiciones que Dios les quiera dar, como individuos y como una familia.

Actividad

ACTIVIDAD EN FAMILIA

Materiales: Listones anchos, etiquetas engomadas, goma de pegar, copia de las bienaventuranzas escritas a máquina o a mano.

Instrucciones: Escriba o escriba en letra de molde una bienaventuranza en cada listón. O escriba la bienaventuranza en un papel y péguela al listón. Decore cada listón con etiquetas engomadas y otras cosas para recordarle del gozo al que Dios los llama. Anime a cada uno a que guarde el marcador de libro en sus Biblias.

Considere hacer marcadores de libro para regalarlos. De esta manera, los miembros de su propia familia pueden compartir las bendiciones de Dios con otros.

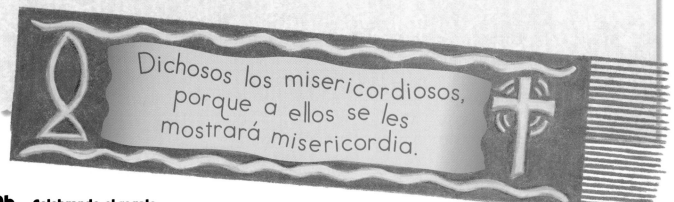

Dichosos los misericordiosos, porque a ellos se les mostrará misericordia.

Repasando la Lección 5

En esta lección, ayudamos a los niños a aprender las bienaventuranzas y a prepararse a celebrar el sacramento de la Penitencia.

Tiempo en familia

Para empezar Tiempo en familia en la página 41, hable sobre la ilustración de Jesús. Explíquele a su niño(a) que Jesús da la bienvenida y abraza calurosamente a todos los niños que se acercan a él. Luego comparta con su niño(a) esas veces que usted ha experimentado el calor del amor de Dios. La oración en el libro del estudiante es la misma que se halla en la página v de esta Guía para la familia. Récela con su niño(a).

Como se sugiere, esté seguro(a) de agregar sus propias oraciones.

"¿Qué necesito?"
- libro del estudiante
- lápices o plumas
- Biblia de la familia

Explíquele a su niño(a) que Jesús da la bienvenida calurosamente y abraza a todos los niños que se acercan a él.

Tiempo de aprendizaje

1 Descubriendo a Dios en nuestras vidas

La historia en las páginas 42 y 43 se dirige a una pregunta que su niño(a) pueda tener acerca de la celebración de la Reconciliación. Haga lo mejor que pueda para contestar sus preguntas. Pida ayuda del párroco, el(la) catequista o el maestro o la maestra de su niño(a), o el coordinador o la coordinadora de sacramentos según su necesidad. Al repasar la historia, pregúntele a su niño(a) si cree que los sentimientos de Miguel en relación con el sacramento cambian al fin de la historia. Note cómo Rosa le ayuda a Miguel.

2 Encontrando a Dios en la Palabra y en la Tradición

La historia bíblica en las páginas 44 y 45 es la enseñanza de Jesús sobre las bienaventuranzas, a veces llamado el Sermón de la Montaña. Las bienaventuranzas describen cómo la gente que ama a Dios debe vivir cada día. También nos ayudan a esperar las bendiciones que trae el vivir según las enseñanzas de Jesús. Al repasar las páginas 46 y 47, ayúdele a su niño(a) a esperar que el sacramento sea una celebración feliz, recordando el fin de las parábolas del hijo pródigo y la oveja perdida. Note que la oración de bendición en la página 47 es del *Rito de la Penitencia*.

3 Viviendo con Dios en nuestras vidas

El primer párrafo en la página 48 nos recuerda que la Reconciliación no es sólo entre Dios y el individuo. Ayúdele a su niño(a) a completar las frases en la mitad inferior de la página.

Recuérdele a su niño(a) que la Reconciliación se puede celebrar toda la vida.

La "Oración para una bendición" en la página 49 sería apropiada antes de la celebración sacramental. Recuérdele a su niño(a) que esta oportunidad no se ofrece solamente una vez en la vida. La Reconciliación se puede celebrar por toda la vida. Antes de la oración en Tiempo en familia, repase las declaraciones de Creemos y estudie la fotografía en las páginas 48 y 49. Recuerden juntos las aguas del Bautismo. Guíe a su familia a apreciar la sensación de refresco, gusto y nueva vida que el agua puede dar. Observe que la Reconciliación puede ser experimentada del mismo modo.

⚇ Tiempo de oración

¡Este ritual de oración pone énfasis en que el regalo de la Reconciliación con Dios y con los demás es algo que celebrar! Será un tiempo de bendición. Aunque su niño(a) celebre este Tiempo de oración con otros en la parroquia, úsela en el hogar como una oportunidad para afirmar todo lo que su niño(a) ha aprendido y experimentado en prepararse para la Reconciliación.

5 Family Time

Celebrating the Gift

To help make your child's first experience of the sacrament of Reconciliation a positive and meaningful one, tell your child about your own best experiences of the sacrament. Consider celebrating the sacrament again soon.

Black Jesus Blesses the Children. Artist unknown, 20th century. Oil on canvas. Private Collection.

Make Us Ready, Lord

Read together the following prayer. It is based on Psalm 51:12–14.

Make us ready, Lord, to celebrate your gift of forgiveness. Make our hearts clean. Keep us faithful in thought, word, and deed. Stay close to us always as we live in your Holy Spirit. Heal us, Lord, so we can remember with joy the new life you gave us in the gift of Jesus. Hold us close to you, Jesus, so that we may always be ready to follow your ways. (Add your own prayers here.) Amen.

41

5 Tiempo en familia

Celebrando el regalo

Para que la primera experiencia del sacramento de la Reconciliación sea positiva y tenga sentido para su niño(a), háblele de sus propias experiencias del sacramento. Considere celebrar el sacramento de nuevo tan pronto como pueda.

Prepáranos, Señor

Lean la siguiente oración. Está basada en el Salmo 51,12–14.

Prepáranos, Señor, para celebrar tu regalo del perdón. Limpia nuestros corazones. Guárdanos fieles en pensamiento, palabra y acción. Quédate siempre cerca de nosotros para así vivir en tu Santo Espíritu. Sánanos, Señor, para recordar con alegría la nueva vida que nos diste en el regalo que es Jesús. Guárdanos cerca de ti, Jesús, para estar siempre dispuestos a seguir tus ejemplos de vida. (Agreguen aquí sus propias oraciones.) Amén.

Celebrating the Gift

What Will I Say?

Miguel needed his sister to get off the telephone. "Rosa, I need help with my homework **now**!"

Rosa yelled back from her room, "Estaré allí en un minuto, Miguel!"

When Rosa finally came to Miguel, she laughed. "What's up, brother?"

"Rosa, do you remember your First Confession? What did you tell the priest? I haven't done anything really bad. What am I supposed to say?"

"Well, this is more interesting than counting pennies and nickels for your math lesson!" Rosa loved to tease her little brother. "Let's see…for starters, you might tell the priest that you're not very patient."

"But that's not a sin, is it?" Miguel asked.

42

Celebrando el regalo

¿Qué diré?

Miguel quería que su hermana dejara el teléfono. "Rosa, ¡necesito que me ayudes con mi tarea **ahora mismo**!"

Rosa le gritó desde su cuarto: "¡Estaré ahí en un minuto, Miguel!"

Cuando Rosa por fin fue a ver a Miguel, ella se reía. "¿Qué pasa, hermano?"

"Rosa, ¿te acuerdas de tu primera confesión? ¿Qué le dijiste al sacerdote? Yo no he hecho nada realmente malo. ¿Qué debo decir?"

"Bueno, ¡esto es más interesante que contar centavos y monedas de cinco para tu lección de matemáticas!" A Rosa le gustaba bromear con su hermanito. "Vamos a ver. . . para comenzar, le puedes decir al sacerdote que no tienes mucha paciencia."

"Pero eso no es un pecado, ¿o sí lo es?" preguntó Miguel.

"Miguel, Mom told me that sin isn't just the <u>bad</u> things we do. It is also not doing the <u>good</u> things we could do. Remember, when Dad was really sick, and I didn't help Mom very much?" Miguel started to get some ideas about what he would say.

Rosa continued. "The priest asked me if I loved Mom and Dad. Then he asked if I was thankful for their love. I said, 'Yes, of course!' He asked if I was thankful to God too. I said, 'Sure I am!' Then he said to me, "Rosa, remember this. <u>Showing</u> thanks is just as important as <u>saying</u> thanks."

Miguel smiles. "Rosa, I guess I could have been more patient with you. After all, you do help me with my homework almost every day."

"Está bien hermanito. Now you have something to talk to the priest about. And when he reminds you how much God loves us, I just know you'll be as grateful as I was. And I've learned that being grateful makes a big difference. It makes me always want to do my best!"

43

"Miguel, mamá me dijo que el pecado no es solamente las cosas <u>malas</u> que hacemos. Es también no hacer las cosas <u>buenas</u> que podríamos hacer. ¿Te acuerdas cuando papá estaba muy enfermo y yo no le ayudé mucho a mamá?" Miguel empezó a tener idea de lo que le diría al sacerdote.

Rosa continuó. "El sacerdote me preguntó si yo amaba a mamá y papá. Luego me preguntó si estaba agradecida por su cariño. Yo dije, '¡Sí, seguro!' Me preguntó si también estaba agradecida a Dios. Yo dije, '¡Seguro que lo estoy!' Luego me dijo: "Rosa, acuérdate de esto: <u>mostrar</u> agradecimiento es tan importante como <u>decir</u> gracias."

Miguel sonrió. "Rosa, pienso que hubiera podido tener más paciencia contigo. Después de todo, me ayudas con mi tarea casi todos los días."

"Está bien, hermanito. Ahora tienes algo que decirle al sacerdote. Y cuando él te recuerde cuánto te ama Dios, yo sé que estarás tan agradecido como yo. Y he aprendido que ser agradecido hace una enorme diferencia. ¡Esto me mueve siempre a hacer las cosas lo mejor que puedo!"

Blessed Are You...

A crowd of people came to a hillside to hear Jesus teach. They also came to be healed. They believed Jesus had the power to do this. Jesus said,

"Blessed are you who know that you need God. God will be with you.

"Blessed are you who are sad. God will comfort you.

"Blessed are you who are kind and loving. God will be generous to you.

"Blessed are you who treat others fairly. God will give you all you need.

"Blessed are you who show mercy. God will show you mercy.

Dichosos ustedes...

Una multitud vino a la ladera de una montaña para oír a Jesús enseñar. También fueron para que los sanara. Creían que Jesús tenía el poder de hacerlo. Jesús enseñó a la gente. Dijo:

"Dichosos ustedes los que saben que necesitan a Dios. Dios estará con ustedes. Dichosos ustedes los que están tristes. Dios los consolará. Dichosos ustedes los que son bondadosos y cariñosos. Dios será generoso con ustedes. Dichosos ustedes los que tratan a otros justamente. Dios les dará todo lo que necesitan. Dichosos ustedes los que muestran misericordia. Dios les mostrará su misericordia.

"Blessed are you peacemakers. You are the
   children of God.

"Blessed are you who do what is right, even when
   others treat you unfairly. The kingdom of God
   belongs to you."

*Based on Luke 6:17–19
and Matthew 5:3–12*

Dichosos ustedes los que trabajan por la paz.
Ustedes son los hijos de Dios. Dichosos
ustedes los que hacen lo que es justo aunque
otros los traten injustamente. El Reino de Dios
les pertenece."

Basado en Lucas 6,17–23 y Mateo 5,3–12

Blessed Are We...

The words that Jesus spoke in the Scripture story are called the Beatitudes. In the Beatitudes, we learn about many ways God will bless us. Jesus teaches us to rejoice in the blessings God gives us.

Now is the time to imagine how God will bless us in the sacrament of Reconciliation. When we turn to God and experience his love, we can be truly happy. The Holy Spirit will fill us with joy and peace.

Dichosos nosotros...

Las palabras que Jesús nos dice en la historia de las Escrituras se llaman las bienaventuranzas. En las bienaventuranzas, aprendemos las muchas maneras en que Dios nos bendecirá. Jesús nos enseña a alegrarnos por las bendiciones que Dios nos da.

Este es el momento de imaginarnos cómo Dios nos bendecirá en el sacramento de la Reconciliación. Cuando recurrimos a Dios y sentimos su amor, entonces podremos ser verdaderamente felices. El Espíritu Santo nos llenará de gozo y de paz.

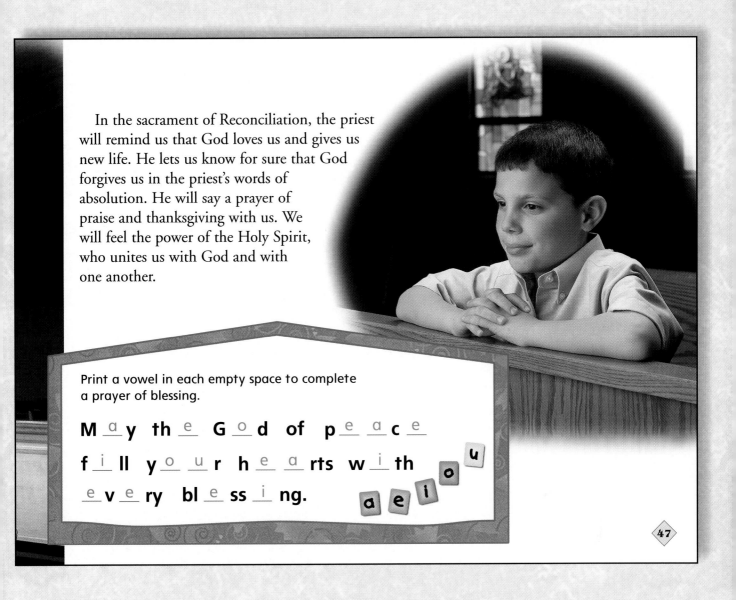

In the sacrament of Reconciliation, the priest will remind us that God loves us and gives us new life. He lets us know for sure that God forgives us in the priest's words of absolution. He will say a prayer of praise and thanksgiving with us. We will feel the power of the Holy Spirit, who unites us with God and with one another.

Print a vowel in each empty space to complete a prayer of blessing.

M a y th e G o d of p e a c e f i ll y o u r h e a rts w i th e v e ry bl e ss i ng.

a e i o u

47

En el sacramento de la Reconciliación, el sacerdote nos recordará a cada uno que Dios nos quiere y nos da nueva vida. Nos asegura que Dios nos perdona con las palabras de absolución del sacerdote. Él dirá una oración de alabanza y acción de gracias con nosotros. Sentiremos el poder del Espíritu Santo, que nos une a Dios y al uno con el otro.

Escribe una vocal en cada espacio vacío para completar una oración de bendición.

Qu e el D i o s de l a p a z ll e n e
s u s c o r a z o n e s c o n t o d a b e n d i c i ó n.

a e i o u

Pass It On

In Reconciliation, God gives us joy and peace to share with one another. When someone needs our forgiveness or love, we should offer it. When we need forgiveness, we should not be afraid to ask for it. By taking the first steps, we will know the joy and peace of reconciliation. We will pass on the love God has for all of us.

Complete the following sentences.

1. I know God loves me because

_____(Answers will vary.)_____.

2. A time when I felt the joy or peace of forgiveness was

_____.

3. I think that the best part of celebrating the sacrament of Reconciliation will be

_____.

Transmítelo

En la Reconciliación, Dios nos da gozo y paz para compartir unos con otros. Cuando alguien necesita nuestro perdón o amor, se lo ofrecemos. Cuando necesitamos perdón, no debemos temer pedirlo. Al dar el primer paso, conoceremos el gozo y la paz de la reconciliación. Transmitiremos el amor que Dios nos tiene a todos.

Completa las siguientes frases.

1. Yo sé que Dios me ama porque
___(Habrán diversas contestaciones.)___.

2. Una vez cuando sentí el gozo o la paz del perdón fue

_____.

3. Yo pienso que la mejor parte de celebrar el sacramento de la Reconciliación será

_____.

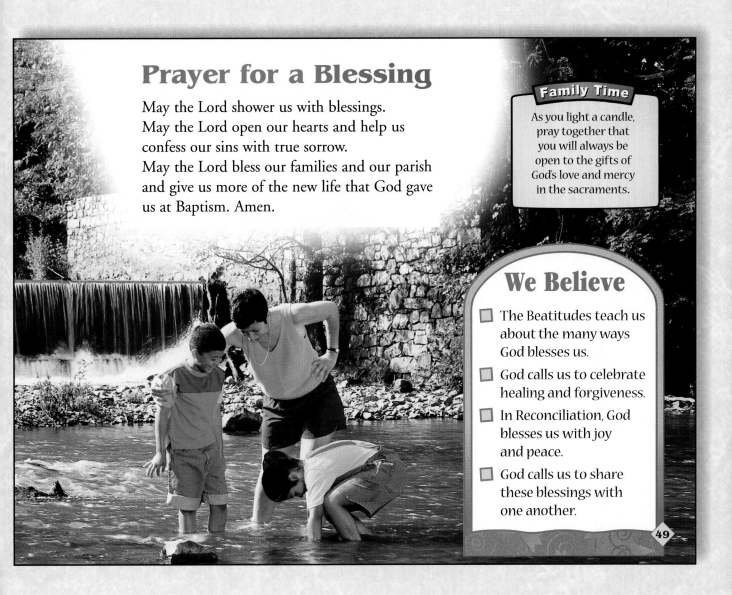

Prayer for a Blessing

May the Lord shower us with blessings.
May the Lord open our hearts and help us
confess our sins with true sorrow.
May the Lord bless our families and our parish
and give us more of the new life that God gave
us at Baptism. Amen.

Family Time

As you light a candle,
pray together that
you will always be
open to the gifts of
God's love and mercy
in the sacraments.

We Believe

☐ The Beatitudes teach us
about the many ways
God blesses us.

☐ God calls us to celebrate
healing and forgiveness.

☐ In Reconciliation, God
blesses us with joy
and peace.

☐ God calls us to share
these blessings with
one another.

49

Oración para una bendición

Que el Señor derrame sus bendiciones
sobre nosotros.

Que el Señor abra nuestros corazones y nos
ayude a confesar nuestros pecados
con sincero pesar.

Que el Señor bendiga nuestras familias y
nuestra parroquia y nos dé más de la
nueva vida que Dios nos dio en el
Bautismo. Amén.

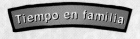 Al encender una vela,
recen juntos para que
siempre estén abiertos a los regalos del amor
y la misericordia de Dios en los sacramentos.

Creemos

☐ Las bienaventuranzas nos enseñan
las muchas maneras en que Dios
nos bendice.

☐ Dios nos llama a celebrar la sanación y
el perdón.

☐ En la Reconciliación, Dios nos bendice con
gozo y paz.

☐ Dios nos llama a compartir estas bendiciones unos con otros.

5
Prayer Time

We Remember and Celebrate

We will soon celebrate the sacrament of Reconciliation. We know that God will bless us. We remember the hopes and prayers of our parents when we were baptized. Listen now to a reading from Colossians 1:9–14.

Now think of one blessing you hope to receive in the sacrament of Reconciliation. Write down one word that describes the blessing you hope for, such as peace, joy, or kindness. Present your words to one another. After each person speaks, say:

"Rejoice and be glad! For God will bless you richly!"

50

5
Tiempo de oración

Recordamos y celebramos

Muy pronto celebraremos el sacramento de la Reconciliación. Sabemos que Dios nos bendecirá. Recordamos las esperanzas y las oraciones de nuestros padres cuando fuimos bautizados. Ahora escuchen una lectura de Colosenses 1,9–14.

Ahora piensen en una bendición que esperan al recibir el sacramento de la Reconciliación. Escriban una palabra que describe la bendi-ción que esperan, tal como paz, gozo, o cariño. Compartan sus palabras con los demás. Después de que cada persona comparta, digan:

"¡Alégrense y estén contentos, porque Dios los bendecirá abundantemente!"

Celebrating the Sacrament of Reconciliation

In the sacrament of Penance, or Reconciliation, we celebrate God's love and forgiveness. We remember that God loves us and offers us the gift of his peace.

We prepare to celebrate this sacrament by asking the Holy Spirit to help us think about the ways we have sinned. We call this an **examination of conscience**. We tell God we are sorry and ask God to forgive us.

Sometimes we celebrate the sacrament of Reconciliation with other Catholics in our parish or school community.

Celebrando el sacramento de la Reconciliación

En el sacramento de la Penitencia o la Reconciliación, celebramos el amor y el perdón de Dios. Recordamos que Dios nos ama y nos ofrece el regalo de su paz.

Nos preparamos para celebrar este sacramento pidiéndole al Espíritu Santo que nos ayude a pensar en qué maneras hemos pecado. A esto lo llamamos un **examen de conciencia**. Le decimos a Dios que estamos arrepentidos y le pedimos que nos perdone.

A veces celebramos el sacramento de la Reconciliación con otros católicos de la parroquia o de la comunidad escolar.

Rite of Reconciliation of Individuals

Welcome The priest greets you. You make the sign of the cross. The priest may read a story from the Bible. He invites you to trust in God and reminds you that God loves you and is always ready to forgive.

Confession You tell the priest your sins. This is called **confession**. The priest listens as you tell him how you have refused God's gift by hurting others or turning away from God.

Then the priest gives you a **penance** that helps you show that you are sorry for your sins. This is usually a prayer or an action that can help you to be more loving to others and more open to God's love.

Prayer of Sorrow The priest asks you to pray aloud a prayer telling God you are sorry. This is called an **act of contrition** or a **prayer of sorrow**.

Absolution The priest then prays for you in the name of the Church and asks God to forgive you. He gives you **absolution**, the forgiveness and peace of God, in the name of the Father, Son, and Holy Spirit.

Prayer of Praise and Dismissal With the priest, you praise and thank God. This is called the **prayer of thanksgiving**. Then the priest says, "Go in peace." You answer, "Amen."

52

Rito de la Reconciliación para individuos

Bienvenida El sacerdote te saluda. Tú haces la señal de la cruz. El sacerdote puede que te lea una historia de la Biblia. Te invita a que tengas confianza en Dios. Y te recuerda que Dios te ama y que siempre está dispuesto a perdonar.

Confesión Tú le dices tus pecados al sacerdote. Esto se llama **confesión**. El sacerdote te escucha mientras tú le dices cómo has rechazado el regalo de Dios al herir a otros o al alejarte de Dios. El sacerdote te da una **penitencia** que te ayuda a mostrar que tú estás arrepentido(a) de tus pecados. Esto es normalmente una oración o una acción que te ayudará a ser más cariñoso(a) con otros y más abierto(a) al amor de Dios.

Oración de pesar El sacerdote te pide que reces una oración en voz alta diciéndole a Dios que tú estás arrepentido(a). Esto se llama un **acto de contrición** o una **oración de arrepentimiento**.

Absolución Luego el sacerdote reza por ti en el nombre de la Iglesia y le pide a Dios que te perdone. Te da la **absolución**, el perdón y la paz de Dios, en el nombre del Padre, del Hijo y del Espíritu Santo.

Oración de alabanza y despedida Con el sacerdote tú alabas a Dios y le das gracias. Esto se llama la **oración de acción de gracias**. Luego el sacerdote te dice: "Vete en paz." Tú respondes: "Amén."

Celebrating Reconciliation with Others

Introductory Rites We sing a song together. The priest invites us to pray for God's forgiveness.

The Word of God We listen to readings from the Bible. The priest gives a homily.

Examination of Conscience As a community, we ask the Holy Spirit to help us think about the ways we have sinned.

Rite of Reconciliation Together, we pray a prayer of sorrow. Then, one by one, we confess our sins to a priest and receive a penance and absolution.

Proclamation of Praise for God's Mercy We praise and thank God for the generous and kind ways that he loves and forgives us.

Concluding Prayer of Thanksgiving The priest blesses us. We pray and sing together to thank God for the gift of reconciliation, which unites us with God and the Church.

53

Celebrando la Reconciliación con otros

Ritos iniciales   Cantamos un canto juntos. El sacerdote nos invita a pedir el perdón de Dios.

La palabra de Dios   Escuchamos las lecturas de la Biblia. El sacerdote da una homilía.

Examen de conciencia   Como comunidad, le pedimos al Espíritu Santo que nos ayude a pensar en qué manera hemos pecado.

Rito de Reconciliación   Juntos rezamos una oración de arrepentimiento. Luego, uno por uno, confesamos nuestros pecados al sacerdote y recibimos una penitencia y la absolución.

Proclamación de alabanza por la misericordia de Dios Alabamos y damos gracias a Dios por la forma tan generosa y bondadosa en que nos ama y nos perdona.

Oración de dar gracias al concluir   El sacerdote nos bendice. Rezamos y cantamos juntos para dar gracias a Dios por el regalo de la reconciliación que nos une con Dios y con la Iglesia.

The Ten Commandments

God gave us commandments to teach us how to love God and one another. We can find the commandments in the Bible. They can help guide our examination of conscience.

The Commandments	Thinking About Ways We May Have Sinned
1. I, the Lord, am your God. You shall not have other gods besides me.	Do I love God with all my heart? Am I truly thankful for the gift of God's love for me? Do I show this by loving others?
2. You shall not take the name of the Lord, your God, in vain.	Do I ever use God's or Jesus' name when I am angry? Do I always use the names of God and Jesus with respect and love?
3. Remember to keep holy the Sabbath day.	Do I honor God by what I do on Sundays? Do I spend time in prayer with my family and with the people of God, the Church, at Mass?
4. Honor your father and mother.	Do I love, respect, and obey my parents and others who care for me? Do my words and actions show this all the time?
5. You shall not kill.	Do I show respect for the gift of life by caring for all of God's creatures, especially people? Have I ever wanted to harm or hurt anyone?
6. You shall not commit adultery.	Do I respect my own body and the bodies of others as gifts from God? Do I use my body in ways that would please God?
7. You shall not steal.	Have I ever taken something that belongs to someone else? Am I as careful with other people's things as I am with my own things?
8. You shall not bear false witness against your neighbor.	Do I always tell the truth? Do I ever lie or hurt anyone by what I say?
9. You shall not covet your neighbor's wife.	Am I ever jealous of someone else's family? Am I grateful for the love that my own family shows me?
10. You shall not covet anything that belongs to your neighbor.	Am I thankful for all that I have? Am I ever jealous or greedy?

Los diez mandamientos

Dios nos dio los mandamientos para enseñarnos cómo amar a Dios y los unos a los otros. Podemos encontrar los mandamientos en la Biblia. Nos pueden servir de guía para nuestro examen de conciencia.

Los mandamientos	Pensando en las maneras en que tal vez hayamos pecado
1. Yo, el Señor, soy tu Dios. No tendrás otros dioses aparte de mí.	¿Amo a Dios con todo mi corazón? ¿De veras estoy agradecido(a) por el regalo del amor de Dios hacia mí? ¿Lo muestro amando a los demás?
2. No tomarás el nombre del Señor, tu Dios, en vano.	¿Alguna vez uso el nombre de Dios o de Jesús en vano cuando estoy enojado(a)? ¿Siempre uso los nombres de Dios y de Jesús con respeto y amor?
3. Acuérdate de santificar el día de reposo.	¿Honro a Dios por lo que hago los domingos? ¿Paso tiempo en oración con mi familia y con el Pueblo de Dios, la Iglesia, en misa?
4. Honrarás a tu padre y a tu madre.	¿Amo, respeto, y obedezco a mis padres y a otros que me cuidan? ¿Muestran esto mis palabras y acciones todo el tiempo?
5. No matarás.	¿Muestro respeto por el regalo de la vida cuidando de todas las criaturas de Dios, especialmente de las personas? ¿Alguna vez he querido lastimar o herir a alguien?
6. No cometerás adulterio.	¿Respeto mi propio cuerpo y el cuerpo de otros como regalos de Dios? ¿La forma en que uso mi cuerpo le agradaría a Dios?
7. No robarás.	¿Alguna vez he tomado algo que le pertenece a otro(a)? ¿Tengo cuidado con las cosas de otros como lo tengo con las mías?
8. No levantarás falsos testimonios contra tu prójimo.	¿Siempre digo la verdad? ¿Alguna vez miento o lastimo a alguien por lo que digo?
9. No codiciarás la mujer de tu prójimo.	¿Alguna vez me siento celoso(a) de la familia de algún otro/alguna otra? ¿Estoy agradecido(a) por el amor que mi propia familia me muestra?
10. No codiciarás nada que le pertenezca a tu prójimo.	¿Estoy agradecido(a) por todo lo que tengo? ¿Alguna vez soy celoso(a) o codicioso(a)?

The Beatitudes

The Beatitudes teach us how to find everlasting happiness with God. They teach us the many ways that God blesses us when we live as Jesus calls us to live.

Beatitudes	Living as Jesus Calls Us to Live
1. Blessed are the poor in spirit. God is with them always.	Do I ask God to guide me when I need help or comfort?
2. Blessed are those who are sad. They will be consoled.	Do I ask God to take care of me even when I am sad?
3. Blessed are the meek and gentle. They will receive what God has promised.	Do I sometimes want people to pay attention only to me?
4. Blessed are those who want everyone to be treated fairly. God will give them all they need.	Do I always try to help someone who is being made fun of or is being treated unfairly?
5. Blessed are the merciful. God will be kind and generous to them.	Do I treat the people I forgive with kindness? Do I really mean what I say when I forgive someone?
6. Blessed are the pure in heart. They will see God.	Is loving God and others important to me? Am I always as loving as I can be?
7. Blessed are the peacemakers. They will be called the children of God.	Am I willing to make peace with people who want to make peace with me? Do I ever take the first step in making peace with someone?
8. Blessed are those who do what is right, even when others treat them unfairly. The kingdom of God belongs to them.	When choosing what to say or do, do I always say or do what I know is right?

55

Las bienaventuranzas

Las bienaventuranzas nos ayudan a encontrar la felicidad eterna con Dios. Nos enseñan las muchas maneras en que Dios nos bendice cuando vivimos como Jesús nos invita a vivir.

Las bienaventuranzas	Vivir como Jesús nos invita a vivir
1. Dichosos los pobres de espíritu. Dios siempre está con ellos.	¿Le pido a Dios que me guíe cuando necesito ayuda o consuelo?
2. Dichosos los que están tristes. Serán consolados.	¿Le pido a Dios que me cuide aun cuando estoy triste?
3. Dichosos los mansos y humildes. Recibirán lo que Dios ha prometido.	¿Algunas veces quiero que la gente me preste atención sólo a mí?
4. Dichosos los que desean que todos sean tratados justamente. Dios les dará todo lo que necesitan.	¿Siempre trato de ayudar a alguien de quien se burlan o que es tratado injustamente?
5. Dichosos los misericordiosos. Dios será bondadoso y generoso con ellos.	¿Trato con bondad a los que perdono? ¿De veras pienso lo que digo cuando perdono a alguien?
6. Dichosos los limpios de corazón. Verán a Dios.	¿Es importante para mí amar a Dios y a otros? ¿Siempre soy todo lo cariñoso(a) que puedo ser?
7. Dichosos los que trabajan por la paz. Serán llamados los hijos(as) de Dios.	¿Estoy dispuesto(a) a hacer las paces con personas que quieren hacer las paces conmigo? ¿Alguna vez doy el primer paso para hacer las paces con alguien?
8. Dichosos los que hacen lo que es justo, incluso cuando otros los tratan injustamente. El reino de Dios les pertenece.	Al escoger lo que se debe decir o hacer, ¿siempre digo o hago lo que yo sé es justo?

Prayers of Sorrow

My God,
I am sorry for my sins with all my heart.
In choosing to do wrong
and failing to do good,
I have sinned against you
whom I should love above all things.
I firmly intend, with your help,
to do penance,
to sin no more,
and to avoid whatever leads me to sin.

Rite of Penance

Father,
I am sorry for all my sins:
for what I have done
and for what I have failed to do.
I will sincerely try to do better
especially . . .
(tell God how you want to do better).
Help me to walk by your light.

Rite of Penance

Oraciones de arrepentimiento

Dios mío,

con todo mi corazón me arrepiento de todos mis pecados.

Al optar por hacer el mal

y omitir hacer el bien,

he pecado contra ti

a quien debo amar sobre todas las cosas.

Propongo firmemente, con tu ayuda,

hacer penitencia,

no volver a pecar

y evitar todo lo que me lleva al pecado.

Rito de Penitencia

Padre,

me arrepiento de todos mis pecados:

por lo que he hecho

y por lo que he omitido.

Sinceramente trataré de mejorar, especialmente

(dile a Dios como quieres hacer mejor).

Ayúdame a caminar en tu luz.

Rito de Penitencia

Prayers of Praise and Thanksgiving

We will never forget the gifts of God.
He forgives and heals his people.
Blessed be the name of the Lord forever!

God's love surrounds us each day.
He fills us with goodness and new life.
Blessed be the name of the Lord forever!

God is filled with mercy and slow to anger.
His kindness is forever.
Blessed be the name of the Lord forever!

God is faithful to his children.
His love lasts forever.
Blessed be the name of the Lord forever!

Based on Psalm 103

Lord, you are so good to us.
We are not afraid to come to you.
When we confess our sins to you,
you forgive us.
When we trust you,
you surround us with your love.
We are so glad that you love us,
Lord. Amen.

Based on Psalms 31 and 32

Oraciones de alabanza y acción de gracias

Nunca olvidaremos los regalos de Dios.

Él perdona y sana a su pueblo.

¡Bendito sea el nombre del Señor para siempre!

El amor de Dios nos rodea cada día.

Nos colma con bondad y nueva vida.

¡Bendito sea el nombre del Señor para siempre!

Dios está lleno de misericordia y lento a la ira.

Su bondad es para siempre.

¡Bendito sea el nombre del Señor para siempre!

Dios es fiel a sus hijos(as).

Su amor dura para siempre.

¡Bendito sea el nombre del Señor para siempre!

Basado en el Salmo 103

Señor, tú eres tan bueno para con nosotros.

No tememos acudir a ti.

Cuando te confesamos nuestros pecados, tú nos perdonas.

Cuando confiamos en ti, tú nos rodeas con tu amor.

Estamos tan contentos que tú nos amas, Señor.

Amén.

Basado en los Salmos 31 y 32

For your gift of love, we praise you, Lord.
For your gift of creation, we praise you, Lord.
For your gift of Jesus, we praise you, Lord.
For your gift of freedom, we praise you, Lord.
For your gift of peace, we praise you, Lord.
For your gift of forgiveness,
we praise you, Lord.
For your gift of the sacraments,
we praise you, Lord. Amen.

A Responsorial Prayer

Thank you, Lord, for your forgiveness and
peace. In the name of the Father, and of the
Son, and of the Holy Spirit. Amen.

A Prayer After Absolution

God, we open our hearts to you.
Thank you for filling our hearts with love.
Thank you for helping us forgive one another.
Thank you for filling our home with peace.
We rejoice in the new life that you give us.
Amen.

A Family Prayer

God of love, we give you thanks
and praise.
Glory to God in the highest.

With all of creation, we sing your praise.
Glory to God in the highest.

Your Son, Jesus, leads us back to you.
Glory to God in the highest.

Your Son, Jesus, makes us one family.
Glory to God in the highest.

Based on a Eucharistic Prayer for Children

Por tu regalo del amor, te alabamos, Señor.
Por tu regalo de la creación, te alabamos, Señor.
Por tu regalo de Jesús, te alabamos, Señor.
Por tu regalo de la libertad, te alabamos, Señor.
Por tu regalo de la paz, te alabamos, Señor.
Por tu regalo del perdón, te alabamos, Señor.
Por tu regalo de los sacramentos, te alabamos, Señor. Amén.

Una oración responsorial

Gracias, Señor, por tu perdón y paz.

En el nombre del Padre, y del Hijo y del Espíritu Santo. Amén.

Una oración después de la absolución

Dios, abremos nuestros corazones a ti.

Gracias por llenar nuestros corazones con amor.

Gracias por ayudarnos a perdonarnos los unos a los otros.

Gracias por llenar nuestro hogar de paz.

Nos alegramos en la nueva vida que nos das. Amén.

Una oración de la familia

Dios del amor, te damos gracias y te alabamos.

Gloria a Dios en las alturas.

Con toda la creación, cantamos tus alabanzas.

Gloria a Dios en las alturas.

Tu Hijo, Jesús, nos conduce de vuelta hacia ti.

Gloria a Dios en las alturas.

Tu Hijo, Jesús, nos hace una familia.

Gloria a Dios en las alturas. Amen

Basado en una plegaria eucarística para niños

Glossary

absolution God's forgiveness that the priest gives us in the sacrament of Penance

act of contrition a prayer in which we tell God we are sorry for our sins

Baptism is a sacrament of initiation into the family of the Church when God first blesses us with the gift of new life in Jesus.

Beatitudes Jesus' teachings that show us how to be happy with God forever

blessing a gift of God's favor or a prayer that asks for God's protection and care

Church friends and followers of Jesus who believe in his teaching and celebrate the Mass and sacraments from Jesus

confession telling our sins to a priest in the sacrament of Penance

Confirmation is a sacrament of initiation that strengthens the new life that the Holy Spirit gives us at Baptism. The Holy Spirit helps us to live as Jesus did, to tell others about Jesus, and to serve others.

disciples friends and followers of Jesus who live and love as Jesus did

Eucharist is a sacrament of initiation. We celebrate and give thanks for the gift of Jesus that we share.

examination of conscience thinking about our own selfish words and actions and about the poor choices we sometimes make

forgiveness excusing someone from punishment for something they did that is wrong or hurtful

gift something given out of love

grace the gift of God's love and presence in our lives that helps us live as Jesus taught

holiness living in union with Jesus by prayer and good choices that keep us close to God and one another

Glosario

absolución   el perdón y la paz de Dios que el sacerdote nos da en el sacramento de la penitencia

acto de contrición   una oración en la cual le decimos a Dios que estamos arrepentidos(as) de nuestros pecados

Bautismo   es un sacramento de bienvenida a la familia de la Iglesia cuando Dios nos bendice por primera vez con el regalo de la nueva vida en Jesús.

bienaventuranzas   las enseñanzas de Jesús que nos enseñan como ser felices con Dios para siempre

bendición   un regalo del favor de Dios o una oración que pide la protección y el cuidado de Dios. (Bendecir a Dios es alabar a Dios.)

Iglesia   amigos(as) y seguidores(as) de Jesús que se reunen para rezar y celebrar y que viven en el poder del Espíritu Santo

confesión   decir nuestros pecados a un sacerdote en el sacramento de la Penitencia

Confirmación   es un sacramento de bienvenida que fortalece la nueva vida que el Espíritu Santo nos da en el Bautismo. El Espíritu Santo nos ayuda a vivir como Jesús vivió, a hablar de Jesús a otros y a servir a los demás.

discípulos   amigos(as) y seguidores(as) de Jesús que viven y aman como Jesús vivió y amó

Eucaristía   es un sacramento de la bienvenida. Celebramos y damos gracias por el regalo de Jesús que compartimos.

examen de conciencia   pensar en nuestras propias palabras y acciones egoístas y de las decisiones insatisfactorias que hacemos algunas veces

perdón   disculpar a alguien del castigo por algo malo o dañoso que hicieron

regalo   algo dado por amor

gracia   el regalo del amor y la presencia de Dios en nuestras vidas que nos ayuda a vivir como Jesús nos enseñó

santidad   tomar buenas decisiones que nos mantienen cerca de Dios y cerca los unos de los otros

Holy Spirit the third Person of the Trinity whom Jesus gives us to guide the Church and help us to follow Jesus

Jewish the name of the people who have been special friends of God since long before the time of Jesus

mercy the great kindness and generosity of God's forgiveness and love that we are called to share with others

mortal sin is a very serious sin that breaks our friendship with God. If people commit a mortal sin, they no longer share God's life until they say they are sorry in the sacrament of Penance.

original sin is the sin of the first people on the earth. All people that come after them receive this first sin from them.

peace the calm, good feeling of being united with others and with God

Penance is another name for the sacrament of Reconciliation. It is also the prayer or good action the priest asks us to do that shows God we are sorry.

Pentecost the day when Jesus' first disciples received the gift of the Holy Spirit

praise to tell or show God how wonderful he is and how grateful we are

Reconciliation is a sacrament of healing that celebrates the gift of God's love and forgiveness and helps us make peace with God and with God's people, the Church.

repent to feel so sorry for our sins that we want to change

sacraments special celebrations of the Church that Christ gives us in which the Holy Spirit helps us to know and feel God's love

sin when we choose to hurt others or turn away from God

sorrow being sad or sorry about something

Ten Commandments God's laws that teach us how to love God, others, and ourselves

venial sin a sin that is not as selfish and as serious as a mortal sin, but makes our love of God and other people less strong

worship to give honor and praise to God

Espíritu Santo la tercera Persona de la Trinidad que Jesús nos dio para guiar a la Iglesia y ayudarnos a seguir a Jesús

Judío el nombre de la gente que ha gozado de una amistad especial con Dios desde mucho antes de los tiempos de Jesús

misericordia la gran bondad y la generosidad del perdón y del amor de Dios que somos invitados a compartir con otros

pecado mortal un pecado muy serio que rompe nuestra amistad con Dios. Si alguien comete un pecado mortal, no comparte en la vida de Dios hasta que se arrepienta en el sacramento de la Penitencia.

pecado original el pecado de la primera gente en la tierra. Toda persona que desciende de ellos recibe este primer pecado de ellos.

paz la buena sensación de calma al estar reunidos con otros y con Dios

Penitencia es otro nombre para el sacramento de la Reconciliación. También es la oración o buena obra que el sacerdote nos pide hacer que le muestra a Dios que estamos arrepentidos(as).

Pentecostés el día en que los primeros discípulos de Jesús recibieron el regalo del Espíritu Santo

alabar decirle o mostrarle a Dios lo maravilloso que es y lo agradecidos(as) que estamos

Reconciliación es un sacramento de sanación que celebra el regalo del amor y del perdón de Dios y nos ayuda a hacer las paces con Dios y con el pueblo de Dios, la Iglesia.

arrepentirse sentir tan gran pesar por nuestros pecados que queremos cambiar

sacramentos celebraciones especiales de la Iglesia que Cristo nos da en las que el Espíritu Santo nos ayuda a conocer y sentir el amor de Dios

pecado cuando optamos por herir a otros o alejarnos de Dios

arrepentimiento sentirnos tristes o arrepentidos(as) de algo

diez mandamientos las leyes de Dios que nos enseñan cómo amar a Dios, a otros y a nosotros mismos

pecado venial un pecado no tan egoísta ni tan serio como un pecado mortal, pero hace que nuestro amor para Dios y los demás sea menos fuerte

adorar dar honor y alabanza a Dios

Modelos del
Perdón

En el ejemplo de Jesús mismo y en sus parábolas, hallamos modelos del perdón y de la compasión. Como padres cristianos, somos llamados a hacer lo mejor que podamos para imitar este amor incondicional.

Los siguientes pasajes bíblicos nos muestran cómo Jesús nos demostró el perdón. Si gusta, puede usar estos pasajes para reflexión personal o compartirlos durante tiempos de oración familiar. Ayúdele a sus niños(as) a encontrar estos pasajes bíblicos explicándoles que los libros de la Biblia se dividen en capítulos y cada capítulo se divide en versículos. Por ejemplo, la parábola del siervo que no quiso perdonar se encuentra en San Mateo 18,21-35. La palabra San Mateo se refiere al Evangelio según Mateo, en el Nuevo Testamento. El número que sigue al nombre del libro es el número del capítulo, capítulo 18. Los números que siguen se refieren a los números de los versículos, del versículo 21 al 35.

Las palabras y las acciones comprensivas de Jesús

San Mateo 18,21–35	**La parábola del siervo que no quiso perdonar**
San Marcos 2,1–12	**Jesús perdona y sana a un paralítico**
San Marcos 2,13–17	**Jesús come con cobradores de impuestos y pecadores**
San Lucas 7,36–50	**Jesús perdona a una mujer arrepentida**
San Lucas 15,8–10	**La parábola de la moneda perdida**
San Lucas 18,9–14	**La parábola del fariseo y el cobrador de impuestos**
San Lucas 19,1–10	**Jesús perdona a Zaqueo**
San Juan 8,1–11	**Jesús perdona a una mujer adúltera**

El sacramento de la Reconciliación

Jesús encomendó su misíon de sanación y perdón a los apóstoles. Les envió el Espíritu Santo para darles el poder de perdonar pecados en su nombre.

Cuando escogemos actuar egoístamente poniéndonos a nosotros mismos antes de Dios y los demás, pecamos. Un pecado es una decisión libre de hacer lo que sabemos que es malo o faltar a hacer lo que sabemos que es bueno.

Un pecado mortal es una ofensa muy seria contra Dios y la comunidad cristiana. Hay tres condiciones que hace a un pecado mortal: la acción debe ser seriamente mala, debemos saber que la acción es seriamente mala y debemos escoger libremente cometer el pecado. Según los preceptos de la Iglesia, los católicos están obligados a confesar los pecados mortales a lo menos una vez al año.

Un pecado venial es una ofensa menos seria. Debilita, pero no destruye, nuestra relación con Dios y la Iglesia. La confesión de los pecados veniales se recomienda fuertemente.

La Iglesia continúa la misíon de Jesús del perdón y la sanación en el sacramento de la Reconciliación. Cuando confesamos nuestros pecados al sacerdote, expresamos nuestro arrepentimiento a Dios y a la Iglesia. Pedimos la gracia de resistir el pecado y hacer mejor en el futuro. El sacerdote nos perdona y nos absuelve de nuestros pecados en el nombre del Padre y del Hijo y del Espíritu Santo.

La absolución del sacerdote también es una señal de que la comunidad eclesial también nos perdona. Un sacerdote nunca revela lo que se le dice en el sacramento. Esto se llama el sello de la confesión.

Sugerencias
para manejar los conflictos familiares

Todas las familias experimentan conflicto. Diferencias en edad, temperamento, disposición, interés y niveles de energía pueden encender disturbios. Aquí hay unas sugerencias para manejar los conflictos familiares.

1. **Respondan respetuosamente; no reaccionen de forma exagerada.**

   Respiren hondo. Cuenten hasta diez si es necesario. Hablen con calma. Hagan preguntas sin suponer nada o hacer acusaciones.

2. **Sean imparciales.**

   Declaren la situación justamente. Aseguren que cualquiera disciplina o cualquier castigo de veras sea conforme al delito.

3. **Lleguen a la raíz del conflicto.**

   Pregúntense (a lo menos en su mente) que sería el motivo de alguien para hacer algo egoísta o dañoso. Por ejemplo, ¿se llevó María el juguete de Lexie por broma o por querer ser mala? Podría querer atraer la atención que necesitara.

4. **Evalúen después.**

   Ya que todos se han calmado, inviten a las personas envueltas a compartir sus ideas sobre como la situación se pudiera haber manejado diferentemente. Además podrían tomar papeles para un fin diferente. Anímen a sus niños(as) a preguntarse: "¿Qué haría Jesús si estuviera en mi lugar?"

Aumentando
la espiritualidad
de la familia

Aquí hay unas maneras para ayudar a nutrir una fe viva para todos los miembros de su familia. Empiece con la que es más cómoda. ¡Luego desafíese a extender su zona cómoda!

1. **Recen juntos.**

   Aparten tiempo en el horario de la familia para orar con frecuencia. La lección 1 ofrece algunas sugerencias específicas.

2. **Discutan cosas religiosas.**

   Hablen sobre acontecimientos locales, nacionales y mundiales. Discutan el mensaje moral de una película o programación de televisión. Pregúntenles a sus niños(as) que es lo que aprendieron en la clase de religión.

3. **Reflexionen sobre la Palabra de Dios.**

   Lean en voz alta una de las lecturas bíblicas dominicales. Hagan una pausa para un momento de reflexión. Luego inviten a todos los miembros de la familia a compartir sus pensamientos. Terminen con una breve oración.

4. **Celebren juntos.**

   Siempre que sea posible, celebren los sacramentos juntos. Cuando un niño(a) está celebrando el sacramento de la Reconciliación por primera vez, inviten al resto de la familia a compartir en la preparación y la celebración.

5. **Sirvan a otros juntos**

   Como una familia, hagan algo que haría una diferencia en la vida de otra persona o de una familia. Por ejemplo, hagan mandados para los vecinos mayores de edad o discapacitados. Donen fondos de la familia a una organización benéfica. Tomen parte en un evento que beneficia a los que tienen hambre, los que están sin casa, los que no tienen trabajo o los niños que no han nacido.

Abrazando
el regalo de la Reconciliación

Considere usar regularmente este sencillo ritual de oración con su familia que puede ayudar a nutrir el espíritu de reconciliación entre ustedes y con otros.

◆ Desconecten el teléfono, la computadora y la televisión. Reúnanse en un espacio cómodo. Prenda una vela para que les recuerde que Cristo, nuestra Luz, está con su familia.

◆ Empiecen con la Señal de la Cruz and una oración conocida, como el Padrenuestro.

◆ Lean un pasaje de las Escrituras u otra lectura apropiada, una historia o poema que inspira un espíritu de perdón y reconciliación. (Vea la página 60b de esta Guía para la familia para sugerencias bíblicas.)

◆ Hablen sobre los conflictos o las diferencias que han surgido recientemente entre ustedes. Hablen sobre como el pasaje bíblico, oración o lectura se puede relacionar con la situación. Permitan que cada uno hable y se le dé el mismo respeto y atención. Traten de sanar las tensiones o los problemas que hayan en el espíritu de armonía familiar.

◆ Terminen su tiempo de oración familiar invitando a miembros de la familia a compartir oraciones espontáneas en sus propias palabras. Concluyan con un gesto de reconciliación, tal como un apretón de manos o un abrazo familiar.